Johannes Steffen
Der Renten-Klau

Johannes Steffen ist Referent für Sozialpolitik bei der Arbeiterkammer Bremen.

Johannes Steffen

Der Renten-Klau

Behauptungen und Tatsachen zur rot-grünen Rentenpolitik

VSA-Verlag Hamburg

www.vsa-verlag.de

Faust & Zeigefinger zeichnete Annegret Töllner (fraujansen Kommunikationsgraphik)
Druck und Buchbindearbeiten: Druckerei Runge, Cloppenburg
ISBN 3-87975-766-6

Inhalt

Rot-Grüne »Rentenreform 2000«

Der Renten-Klau

Auf dem Weg zum Renten-Konsens?

Aus den Gewerkschaften und Sozialverbänden ist deutlicher Protest gegen die Pläne der rot-grünen Regierungskoalition zum Umbau des Rentensystems zu vernehmen. Die Regierung bietet immer wieder Nachbesserungen an. Gibt es Grund zur Entwarnung?

Am 3. und 4. Juli 2000 haben der SPD-Parteivorstand bzw. die SPD-Bundestagsfraktion Riesters Konzept für die *Rentenreform 2000* zugestimmt. Substanzielle Änderungen – oder gar Verbesserungen – gegenüber den sog. *Schönberger Beschlüssen* der Koalitionsarbeitsgruppe vom 30. Mai 2000 hat es nicht gegeben. Weder wurden dem Koalitions-Konzept die »Giftzähne« gezogen, noch ist die Absenkung der gesetzlichen Rente in die Nähe der Sozialhilfe vom Tisch. Geändert haben sich einzig und alleine Optik und Darstellung:

- Riesters Rechentabellen reichen nicht mehr bis 2050, sondern enden im Jahre 2030,
- als Durchschnittsverzinsung der Privatvorsorgebeiträge werden nicht mehr irreale 5,5%, sondern nur noch 4,0% pro Jahr unterstellt.

Und auch der *neue »Ausgleichsfaktor«* kürzt die soziale Rente im Jahre 2030 nach wie vor um rund die Hälfte der fiktiv berechneten Privatrente.

Dass die »Korrekturen« nur Kosmetik sind, belegt eine einfache Rechnung: Wer die Beitragssatzentwicklung unverändert bei den ursprünglich angesetzten Werten deckelt – also nicht mehr Geld einnimmt – kann auch nicht mehr an Leistungen verausgaben. Zur Beruhigung oder gar Entwarnung besteht also keinerlei Anlass.

Die neue Sozialdemokratie hat damit zusammen mit ihrem wirtschaftsliberalen Koalitionspartner in der sozialen Alterssicherungspolitik einen Paradigmenwechsel vollzogen, zu dem die Kohl-Koalition während ihrer 16jährigen Regierungszeit nicht willens oder nicht in der Lage war: Im Zentrum steht nicht mehr das sozialpolitische Ziel einer Lebensstandardsicherung durch die soziale Rentenversicherung für so genannte Standarderwerbsbiografien, sondern nur noch das ideologische Dogma einer Senkung der gesetzlichen Lohnnebenkosten. Die zweite Seite dieser Medaille ist die politische Verabschiedung vom Grundsatz der paritätischen Finanzierung durch Arbeitgeber und Arbeitnehmer. Es ist ein bitterer Treppenwitz der Geschichte, dass die im Kampf des kaiserlichen Obrigkeitsstaates gegen die *alte Sozialdemokratie* geborene Sozialverfassung und deren Strukturprinzipien von der *neuen Sozialdemokratie* – kaum dass ihre modernistischen Führungskräfte die Regierungsverantwortung übernommen haben – dem Orkus übergeben werden sollen.

»Die gesetzliche Rentenversicherung alleine kann den Lebensstandard im Alter nicht mehr angemessen absichern«, heißt es im SPD-PV-Beschluss vom 3. Juli diesen Jahres. Ursache hierfür ist aber weder die immer wieder gerne zitierte »demographische Bedrohung«, noch die Unfähigkeit oder Unwilligkeit der flugs als Kronzeugin bemühten jüngeren Generation, die in Zukunft zweifellos steigenden Lasten der sozialen Rentenversicherung zu schultern. Ursächlich ist vielmehr eine Politik, die sich explizit vom Ziel der Lebensstandardsicherung verabschiedet. Das rot-grüne Rentenkonzept vom Sommer 2000 ist somit nicht Teil der Lösung, sondern Teil des Problems.

Das Festhalten an der paritätisch finanzierten, solidarischen Rentenversicherung mit einem über die kommenden rund 30 Jahre auf 24% steigenden Beitragssatz ist – verglichen mit den Koalitionsplänen – auch keineswegs *»Politik gegen Adam Riese«*, wie ein paar muntere Plauderer selbst in den Reihen der Gewerkschaften meinen. Im Gegenteil: Alt *und* Jung fahren nach den vorliegenden Daten mit dem bestehenden System besser als nach Riesters »Reform«-Vorschlag, der verteilungspolitisch nicht nur vor Adam Riese, sondern selbst vor den vier Grundrechenarten keinen Bestand hat. Rot-Grün errechnet für den heute 35jährigen Durchschnittsverdiener, der im Jahre 2030 mit 65 Jahren verrentet wird, eine Bruttogesamtversorgung aus gesetzlicher Standardrente plus privater Kapitalrente von monatlich 5.020,05 DM. Dafür müsste er in den noch vor ihm liegenden drei Jahrzehnten etwa 340.000 DM an Rentenbeitrag plus Privatprämie aufwenden. Unter Aufrechterhaltung der paritätischen Finanzierung und eines Nettorentenniveaus von rd. 68½% ab dem Jahre 2002 erhielte er dagegen – bei gleichen Annahmen zur künftigen ökonomischen und demographischen Entwicklung – alleine aus der sozialen Rentenversicherung einen monatlichen Bruttobetrag von 4.950,00 DM. Hierfür müsste er den Rest seines Erwerbslebens insgesamt noch rd. 260.000 DM an Arbeitnehmerbeiträgen aufbringen. Für eine monatlich um 70,05 DM höhere Bruttoversorgung hätte der heute 35jährige also eine um rd. 80.000 DM höhere Belastung zu verkraften. Die monatliche Beitragsbelastung unseres Durchschnittsverdieners zur Altersvorsorge läge den rot-grünen Planungen zufolge bereits ab dem Jahre 2006 – also ein Vierteljahrhundert früher – oberhalb jenes Betrages, den sie in der sozialen Rentenversicherung unter Beibehaltung der paritätischen Finanzierung und eines Rentenniveaus von 68½% erst im Jahre 2030 erreichen würde.

In einer Gesellschaft, in der die Zahl bzw. der Anteil der Nichterwerbstätigen – seien dies nun Rentner, Kinder und Jugendliche, Arbeitslose oder Hausfrauen/-männer – steigt, muss die individuelle oder kollektive Abgabenbelastung der »Aktiven« zwangsläufig steigen, sofern sich die Relation des Versorgungsniveaus der »Inaktiven« zu den »Aktiven« nicht verschlechtern soll. Kein Finanzierungsverfahren kann an diesem Grundsachverhalt etwas ändern. Private, kapitalgedeckte Vorsorge kann im *Einzelfall* lukrativ sein. Die weitverbreitete Ansicht allerdings, durch Bildung eines Kapitalstocks könnten – im Unterschied zum Umlageverfahren – Einkommensteile von heute in die Zukunft übertragen werden, ist irrig. Jedes soziale Sicherungssystem – ob öffentlich oder privat organisiert – muss volkswirtschaftlich im Umlageverfahren finanziert werden. So wie der Lohn nichts anderes ist als die »Abtretung« von Anteilen der laufenden Wertschöpfung an die Beschäftigten, so wird auch die soziale Sicherung im Alter finanziert über die Abzweigung von Anteilen aus derselben Wertschöpfungsmasse. Ob dies technisch über Beiträge, Steuern, Zinsen oder Dividenden erfolgt, ist eine nachrangige Frage. Dem Einkommen der Alten muss auf der anderen Seite stets der Einkommensverzicht, also das Sparen, der jeweils aktiven Generation gegenüberstehen, will man sich nicht der Hoffnung auf die Erschließung himmlischer Quellen hingeben. Beiträge, Steuern, Zinsen, Dividenden oder auch Einkommen aus Vermögensveräußerungen sind und bleiben Teile des Volkseinkommens, die erwirtschaftet werden müssen – und zwar in der Periode (und nur in dieser), in der diese Erträge ihren Empfängern zufließen. So wie den Habenzinsen und den Vermögensauflösungen Sollzinsen und Vermögensaufbau gegenüberstehen müssen, solange das Geld nicht auf den Bäumen wächst, so kann es ohne Schuldner auch keine Gläubiger geben. Der Saldo aus Soll und Haben ist innerhalb einer Volkswirtschaft stets gleich Null.

Was aus der Sicht des Einzelnen im Wege des Sparens (heute) und Entsparens (morgen) so »einfach« erscheint, nämlich die Verschiebung von Einkommensteilen aus der Erwerbs- in die Nacherwerbsphase, ist einer Volkswirtschaft insgesamt leider nicht vergönnt. Die Übertragung (Um-Verteilung) von Einkommen ist und bleibt möglich und nötig – sie kann aber immer nur im Hier und Jetzt (von oben nach unten oder – wie in den letzten zwei Jahrzehnten – in umgekehrter Richtung), also zwischen *zeitgleichen* Gruppen, und nie vom Heute aufs Morgen, also *zeitversetzt*, gelingen. Für die Sicherheit des Sozialstaats und damit auch der Renten im Jahre 2030 ist es zunächst unerheblich, in welchem rechnerischen Verhältnis die Kopfzahlen nach Altersklassen dann stehen werden. Maßgeblich ist die Ergiebigkeit der Wertschöpfung und ihre Verteilung im Jahre 2030. Dass die wiederum nicht gänzlich unabhängig sind vom demographischen Entwicklungsprozess, steht außer Frage. Aber zur Lösung des Problems kann ein kapitalfundiertes Finanzierungsverfahren keineswegs mehr oder besser beitragen als die derzeitige Finanzierung über Beiträge und Steuern.

Die Altengeneration des Jahres 2030 (Gläubiger) kann von den Erträgen oder der Auflösung eines Kapitalstocks nur zehren, sofern sie in der dann jüngeren Generation genügend Schuldner findet, die ihrerseits auf Wertschöpfungsanteile (Konsumverzicht, Sparen) verzichten. Je größer dimensioniert der gesellschaftlich »angesparte« private Vorsorgefonds ausfällt, desto größer ist die Wahrscheinlichkeit, dass die spätere Auflösung des Ersparten durch die Alten – gerade auch wegen der verschobenen demographischen Relationen – zu sinkenden Kursen, steigender Inflation und somit zu einer realen Entwertung der Leistungen führt. Sobald nämlich die Erwerbstätigen des Jahres 2030 nicht willens oder ökonomisch nicht in der Lage sind, Wertschöpfungsanteile an die dann Älteren abzutreten, nutzt diesen auch

Gerhard Mackenroth – 1952

Nun gilt der einfache und klare Satz, dass aller Sozialaufwand immer aus dem Volkseinkommen der laufenden Periode gedeckt werden muss. Es gibt keine andere Quelle und hat nie eine andere Quelle gegeben, aus der Sozialaufwand fließen könnte, es gibt keine Ansammlung von Fonds, keine Übertragung von Einkommensteilen von Periode zu Periode, kein »Sparen« im privatwirtschaftlichen Sinne – es gibt einfach gar nichts anderes als das laufende Volkseinkommen als Quelle für den Sozialaufwand. (...) Die volkswirtschaftliche Problematik lässt sich nicht dadurch lösen oder beiseiteschieben, dass man nach den Grundsätzen eines ordentlichen Kaufmannes private Risiken versichert. Volkswirtschaftlich gibt es nämlich keine Ansammlung eines Konsumfonds, der bei Bedarf konsumiert werden kann und dann gewissermaßen zum Volkseinkommen einer späteren Periode eine willkommene Zugabe wäre. Jede Fondsansammlung wird in der Geldwirtschaft zu volkswirtschaftlicher Kapitalbildung, einmal gebildetes Kapital kann aber nicht wieder in Sozialaufwand, d.h. in Konsumgüter, umgesetzt werden. Fabriken, Anlagen, Maschinen kann man nicht mehr verzehren.

G. Mackenroth, Die Reform der Sozialpolitik durch einen deutschen Sozialplan, Schriften des Vereins für Socialpolitik, NF Bd. 4, Berlin 1952, S. 41f.

die beste kapitalfundierte Altersvorsorge nicht mehr viel. Vor Jahrzehnten erworbener Immobilienbesitz etwa, der weder vermietet noch veräußert werden kann, mag eine Augenweide für Nostalgiker sein; ökonomisch ist er bestenfalls nutzlos. Alles andere wäre Augenwischerei. Denn kein Sicherungssystem – wie auch immer seine Finanzierung technisch abgewickelt wird – kann gesamtwirtschaftlich überleben, wenn die Gesamtausgaben längerfristig die Gesamteinnahmen übersteigen.

Nun ließen sich die künftigen Belastungen leichter tragen, wenn es gelänge, einen höheren Wachstumspfad zu erklimmen, weil dann der zu verteilende Kuchen größer wäre. *»Die Hoffnung der Befürworter der Kapitaldeckung, dass das reale Wachstum durch die zusätzliche Geldvermögensbildung beschleunigt wird, weil diese wiederum zusätzliche (reale) Investitionen induziert, kann sich allerdings als trügerisch erweisen. Erhöhte Ersparnisse bedeuten zugleich eine Minderung der Konsumgüternachfrage, und Ausfälle der Absatzmöglichkeiten hemmen trotz*

Franz Ruhland – 1999

Doch, wer das System wechselt, tauscht nur die Probleme. Auch das Kapitaldeckungsverfahren ist von der Demographie abhängig. Eine längere Lebenserwartung lässt den Barwert der Leistungen und damit die dafür notwendigen Beiträge ansteigen. (...) Für die Summen, um die es (...) geht, finden sich im Inland nicht genügend profitable Anlagemöglichkeiten, man muss sie im Ausland suchen. Der spätere »Verzehr« des Kapitalstocks setzt voraus, dass diese Anlagen auch zurückgezahlt werden können. Noch 1996 haben Vertreter der OECD den Vorschlag einer kapitalgedeckten Rentenversicherung mit der Empfehlung verbunden, das Geld in den aufstrebenden Ländern Südostasiens anzulegen. Die Krisen in Südostasien, aber auch in Japan, in Brasilien und Russland, haben die Gefahren des Kapitaldeckungsverfahrens bestätigt. Außerdem wird meistens vergessen, dass die jungen Staaten in Südostasien wegen ihrer restriktiven Familienpolitik ähnliche Bevölkerungsprobleme bekommen werden. Dass sie dann außer ihren auch noch unsere Renten erwirtschaften werden, ist eine vage Hoffnung.

Franz Ruhland, Geschäftsführer des VDR, 1999

sinkender Zinsen die Bereitschaft der Unternehmen, die zusätzlich von den privaten Haushalten ersparten monetären Mittel für Investitionen in Anspruch zu nehmen.« (DIW-Wochenbericht 30/2000 v. 27.7.2000, S. 482)

An diesen grundsätzlichen Zusammenhängen ändert sich auch dann nichts, wenn man den engen Rahmen einer geschlossenen Volkswirtschaft verlässt und Kapitalanlagen im Ausland tätigt. Wer auf diesem Wege auch nur annähernd soviel Sicherheit erreichen wollte wie durch die heutige Rentenversicherung, der hätte nicht nur für die entsprechenden Anlagen zu sorgen, aus denen zudem in vollem Umfang reale Erträge erzielt werden müssten. Neben den politischen Risiken eines solchen Weges sollte auch das Wechselkursrisiko nicht vernachlässigt werden. Die Höhe des realen Kapitalrückflusses aus dem Ausland ist mit erheblichen Unsicherheiten verbunden. Selbst diejenigen, die – wie etwa die Bundesbank – bislang nicht müde wurden, die Vorzüge des Kapitaldeckungsverfahrens zu preisen, sind inzwischen zu einer aufrichtigeren Betrachtung bereit. – Wen all diese Risiken dennoch nicht schrecken, der sollte sich vor Augen führen, dass bei Auslandsanlagen an die Stelle der Übertragung von in-

Deutsche Bundesbank – 1999

Auch kapitalgedeckte Alterssicherungssysteme sind freilich nicht immun gegenüber demographischen Veränderungen. Verlängert sich die Rentenbezugsdauer aufgrund einer höheren Lebenserwartung, so sind auch hier höhere Beiträge erforderlich, wenn das Rentenniveau konstant gehalten werden soll. Ist die Bevölkerungsproblematik dagegen auf eine sinkende Geburtenrate zurückzuführen, so ergeben sich zunächst keine unmittelbaren negativen Rückwirkungen. Doch dürfte bei einer schrumpfenden Bevölkerung in der »Reifephase« die Kapitalauflösung durch die Ruheständler die Kapitalbildung übersteigen, was zu sinkenden Vermögenspreisen führen und damit die Konsummöglichkeiten der Rentner einschränken kann. Einen Ausweg bietet zwar die Anlage im Ausland, doch kommen dann zum Kapitalmarktrisiko noch politische Risiken und das Wechselkursrisiko hinzu, sofern die Anlage außerhalb des Euro-Raumes getätigt wird. Schließlich ist zu beachten, dass Deutschland von dem gesellschaftlichen Alterungsprozess zwar besonders stark betroffen ist, andere Länder in den kommenden Jahrzehnten hiervon aber keineswegs verschont bleiben.

Deutsche Bundesbank, Möglichkeiten und Grenzen einer verstärkten Kapitaldeckung der gesetzlichen Alterssicherung in Deutschland, Monatsbericht 12/1999, S. 19f.

ländischen Wertschöpfungsanteilen die Übertragung von Wertschöpfungsanteilen zu Lasten anderer Nationen und Volkswirtschaften träte. Wer dies als ernsthafte politische Alternative zur »Rettung« der bundesdeutschen Alterssicherung ins Auge fasst, predigt puren Renten-Imperialismus zu Lasten seiner Nachbarn.

Die finanziellen Belastungen des sozialen Sicherungssystems, die nach heutiger Erkenntnis in den kommenden drei Jahrzehnten zu erwarten sind, können ohne Zweifel verkraftet werden. Auch die heute Jüngeren, denen dieser Tage die besondere politische Aufmerksamkeit gilt, würden dabei nicht überfordert. Den Annahmen des letztjährigen Rentenversicherungsberichts der Bundesregierung zufolge werden sich die Beitragssätze zu den übrigen Sozialversicherungszweigen wie folgt entwickeln:

- *Arbeitslosenversicherung von heute 6,5% auf 2,0% ab dem Jahre 2025,*
- *Pflegeversicherung von heute 1,7% auf 2,4% im Jahre 2030*
- *Krankenversicherung von heute 13,5% (West) auf 14,0% im Jahre 2030.*

Während sich die Arbeitnehmeranteile zur Sozialversicherung heute auf durchschnittlich 20,5% belaufen, betrügen sie im Jahre 2030 bei einem auf 24% gestiegenen Rentenbeitrag 21,2%. Den Koalitionsplänen zufolge würden sie – einschließlich des alleine von den Arbeitnehmern zu finanzierenden Privatvorsorgebeitrags – auf insgesamt 24,2% steigen.

Einzige Gewinner der rot-grünen Rentenpläne wären die Arbeitgeber und die privaten Finanzdienstleister, denen blühende Geschäfte winken. Unter Rot-Grün wittern die Arbeitgeber Morgenluft – wer hätte das Ende September 1998 gedacht. Schon fordert die Bundesvereinigung der Deutschen Arbeitgeberverbände in ihrem Kurz-Nachrichten-Dienst vom 19. Juli 2000 noch radikalere Einschnitte:

1. Sofortiger Einbau einer vollen (statt der von Blüm vorgesehenen halben) Demographiekomponente in die Rentenanpassungsformel zur Berücksichtigung der längeren Lebenserwartung der Rentner. Hierdurch fallen die jährlichen Rentenerhöhungen jeweils 0,8 Prozentpunkte geringer aus. Das Netto-Rentenniveau kann dann bis zum Jahr 2020 auf 62% zurückgeführt werden.

2. Eine schrittweise Anhebung der abschlagsfreien Altersgrenze über das 65. Lebensjahr hinaus ab dem Jahr 2011 beziehungsweise im Anschluss an die dann ausgelaufenen bisherigen Regelungen zur Altersgrenzenanhebung muss erfolgen.

3. Die stärkere Anrechnung eigener Renten und sonstiger Einkommen auf die Hinterbliebenenrenten; dies ist nötig, um die Umverteilung im System auf das unbedingt erforderliche Ausmaß zu begrenzen.

4. Die weitere Streichung der auf die Rente noch anrechenbaren drei beitragsfreien Ausbildungsjahre auf Null in Fortführung der bisherigen Politik.

Es lohnt sich also für Alt *und* Jung – weit über die finanziellen Aspekte hinaus – für den Erhalt der paritätisch finanzierten, solidarischen Rentenversicherung zu streiten. Denn sollten die politischen Weichen tatsächlich in die vom Koalitionskonzept vorgesehene Richtung gestellt werden, dann wird es – anders als bei den Einschnitten in die gesetzliche Entgeltfortzahlung und den Kündigungsschutz im Jahre 1996 – ein Zurück nicht mehr geben.

Die gegenwärtige Rentendebatte belegt einmal mehr, dass sich die vielstimmig geschürten Ängste vor einer angeblichen »Explosion« der Sozialversicherungsbeiträge oder einer »Hungerrente« für die derzeit Jüngeren ab dem Jahre 2030 immer noch als hervorragendes ideologisches Munitionsdepot für die heutigen Verteilungsauseinandersetzungen nutzen lassen.

Rot-grüne »Rentenreform 2000«

Das Ziel

Dämpfung des Beitragsanstiegs

Beitragssatz

heute	bis 2020	bis 2030
19,3%	< = 20%	< = 22%

Die Folgen

Demontage des Leistungsniveaus der sozialen Rentenversicherung

Rentenniveau

heute	2030*	2030*
	Ohne Ausgleichsfaktor	Mit Ausgleichsfaktor
~ 70%	~ 64,5%	~ 60,5%

* Mit heutiger Berechnungsmethode (~ 70%) vergleichbare Werte; die von der Koalition behaupteten höheren Werte von ~ 68% bzw. ~ 64% beruhen auf rechnerischen Tricks

Das Münchhausen-Rezept

Zwang zur Privatvorsorge für alle

Privatvorsorgebeitrag

von 2001 bis 2008 jährlich um 0,5%-Punkte steigend

2001	2008
0,5%	4,0%

Behauptungen & Tatsachen

Die Details

Beitragssatz

- Als Obergrenze für den Beitrag zur Rentenversicherung werden 20% (bis 2020) bzw. 22% (bis 2030) festgeschrieben.
- Droht der Beitragssatz diese Grenzen zu übersteigen, so soll gesetzlich vorgeschrieben werden, die Leistungen weiter zu kürzen.

Privatvorsorge

- Ab 2001 sollen alle Arbeitnehmerinnen und Arbeitnehmer neben den Rentenversicherungsbeiträgen einen alleine von ihnen zu finanzierenden Privatvorsorgebeitrag von 0,5% ihres Bruttoentgelts aufbringen; dieser Satz steigt dann jährlich um 0,5%-Punkte auf 4,0% im Jahre 2008 – und soll danach erst einmal auf diesem Niveau verharren.
- Für Niedrigverdiener (zu versteuerndes Einkommen: 35.000 bzw. 70.000 DM im Jahr – ledig/verheiratet) ist eine staatliche Zulage in Höhe von 50% des Privatbeitrags – maximal jedoch zwischen 350 DM und 1.000 DM jährlich – vorgesehen. Höhere Einkommen sollen Steuerfreibeträge (nach heutigen Werten 4.100 DM/8.200 DM) erhalten.

»Ausgleichsfaktor«

- Ab dem Jahre 2011 wird jede neu zugehende Rente um einen sog. Ausgleichsfaktor gekürzt; der Faktor soll die Kosten der steigenden Lebenserwartung an die Neurentner weitergeben.
- Für Neurenten des Jahres 2011 beträgt der Abschlagsfaktor 0,3% – er steigt pro Jahr um 0,3%-Punkte auf 6% im Jahre 2030.

Renten-anpassung

- Ab 2002 tritt eine neue Rentenanpassungsformel in Kraft. Die Renten steigen dann nicht mehr wie die Nettolöhne.
- Die neue Formel gibt Änderungen bei der Lohn- und Einkommensteuer oder auch eine perspektivische Senkung des Beitrags zur Arbeitslosenversicherung nicht mehr an die Rentner weiter.
- Dafür mindert der ab dem Jahre 2001 eingeführte (fiktive) Privatvorsorgebeitrag die Rentenanpassung (er wird für die Rentenanpassung rechnerisch wie eine Erhöhung des Arbeitnehmeranteils zur Sozialversicherung behandelt).
- Das Niveau der Bestandsrenten und vor allem das Niveau künftiger Zugangsrenten wird drastisch sinken.

Altersarmut

- Die versprochene soziale Grundsicherung im Alter und bei Erwerbsunfähigkeit wird es nicht geben.
- Vorgesehen ist lediglich ein erleichtertes Verfahren bei der Sozialhilfe für über 65-Jährige und Erwerbsunfähige.

Hinter-bliebenen-renten

- Für neu geschlossene Ehen sowie für bestehende Ehen (wenn beide Partner jünger als 40 Jahre sind) sinkt die Hinterbliebenenrente von heute 60% auf 55% der Rente des Verstorbenen – für jedes Kind, das die Witwe erzogen hat, soll es einen Zuschlag von einem Entgeltpunkt geben.
- Der Freibetrag für die Einkommensanrechnung (Juli 2000, alte Länder: 1.282,51 DM) wird für diese Fälle eingefroren.
- Bei der Einkommensanrechnung werden sämtliche Einkommensarten (heute: nur Erwerbseinkommen bzw. Erwerbsersatzeinkommen) berücksichtigt – das betrifft also auch Einkommen aus privater Vorsorge (soweit nicht staatlich gefördert) und sonstige Vermögenseinkünfte.

Mütter

- Niedrige Entgelte während der sog. Kinderberücksichtigungszeit (von der Geburt bis zum 10. Lebensjahr des Kindes) sollen um 50% auf maximal 100% des Durchschnittsentgelts aufgewertet werden.
- Voraussetzung: Wartezeiterfüllung von 35 Jahren.

BU-/EU-Renten, Schwerbehinderte

- Die sog. konkrete Betrachtungsweise (Berücksichtigung der Arbeitsmarktlage) soll für die Entscheidung über Erwerbsminderungsrenten beibehalten werden.
- Die sog. Zurechnungszeit wird bis zum 60. Lebensjahr verlängert.
- Heute 40-Jährige und Ältere können auch künftig eine BU-Rente erhalten.
- Ansonsten bleibt alles so, wie es schon die Altkoalition im RRG 99 beschlossen hatte (z.B. Anhebung der Altersgrenze für Schwerbehinderte von 60 Jahren auf 63 Jahre mit entsprechenden Rentenabschlägen bei vorgezogenem Altersrentenbezug, Rentenabschläge von 10,8% bei Erwerbsminderung vor vollendetem 60. Lebensjahr, Kürzung einer evtl. Hinterbliebenenrente um 10,8% bei Ableben des Versicherten vor vollendetem 60. Lebensjahr).

Versicherungslücken

- Lücken in der Versicherungsbiographie, die z.B. dadurch entstehen, dass sich die erstmalige Aufnahme einer versicherungspflichtigen Tätigkeit wegen Krankheit oder Arbeitslosigkeit verzögert, sollen geschlossen werden (Berücksichtigung als beitragsfreie Zeiten).

Inflationsrate und Rentenanpassung in %
(alte Bundesländer)

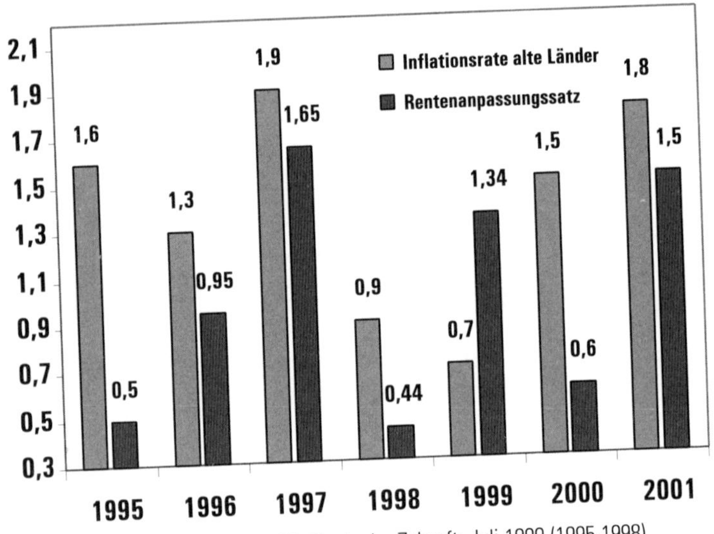

Quelle: SPD-Bundestagsfraktion, Die Rente der Zukunft, Juli 1999 (1995-1998), StatBA sowie Prognose (Inflation 2000 und 2001)

aus: Johannes Steffen, Der Renten-Klau, Hamburg 2000

»Niemand kriegt weniger« Behauptung

»Auch in den nächsten zwei Jahren, 2000 und 2001, sorgen wir dafür, dass die Rentenerhöhung nicht niedriger ausfällt als die Inflation. Damit sind die Rentnerinnen und Rentner auch in den beiden Übergangsjahren noch besser dran als unter Kohl. In der Hälfte der 16 Kohl-Jahre stiegen die Preise schneller als die Renten. Das gibt es mit uns nicht.« (*SPD-Bundestagsfraktion*, Die Rente der Zukunft – Wir bauen die Brücke zwischen den Generationen, Juli 1999)

»Unser Konzept zielt darauf ab, die Kaufkraft der Rentnerinnen und Rentner für zwei Jahre zu sichern. Die Erhaltung der Kaufkraft war bei der alten Regierung keineswegs die Regel, sondern die Ausnahme.« (*Gerd Andres*, Parlamentarischer Staatssekretär beim Bundesminister für Arbeit und Sozialordnung, Plenarprotokoll 14/60 v. 6.10.1999 [Fragestunde])

Tatsache Realeinkommensverlust

Die Rentenpolitik der alten Bundesregierung kann zu Recht und aus vielerlei Gründen kritisiert werden; dass aber die Rentensteigerungen häufig unterhalb der Inflationsrate lagen, war nicht politischer Anpassungs-Willkür geschuldet, sondern ist einzig und alleine das Ergebnis entsprechend niedriger Nettolohnsteigerungen. Hierbei waren die Reallohnverluste der 90er Jahre zweifellos auch Ergebnis einer verfehlten Abgabenpolitik der Kohl-Regierung. Ausgerechnet aber zu dem Zeitpunkt, zu dem die Nettolöhne wieder stärker steigen als die Inflationsrate, werden die Renten von der rot-grünen Koalition zum Zwecke der Haushaltssanierung von der Entwicklung der Löhne abgekoppelt und lediglich auf einen vermeintlichen »Inflationsausgleich« verwiesen. – Gerade wegen der rot-grünen Rentenpolitik steigen die Renten schwächer als die Preise.

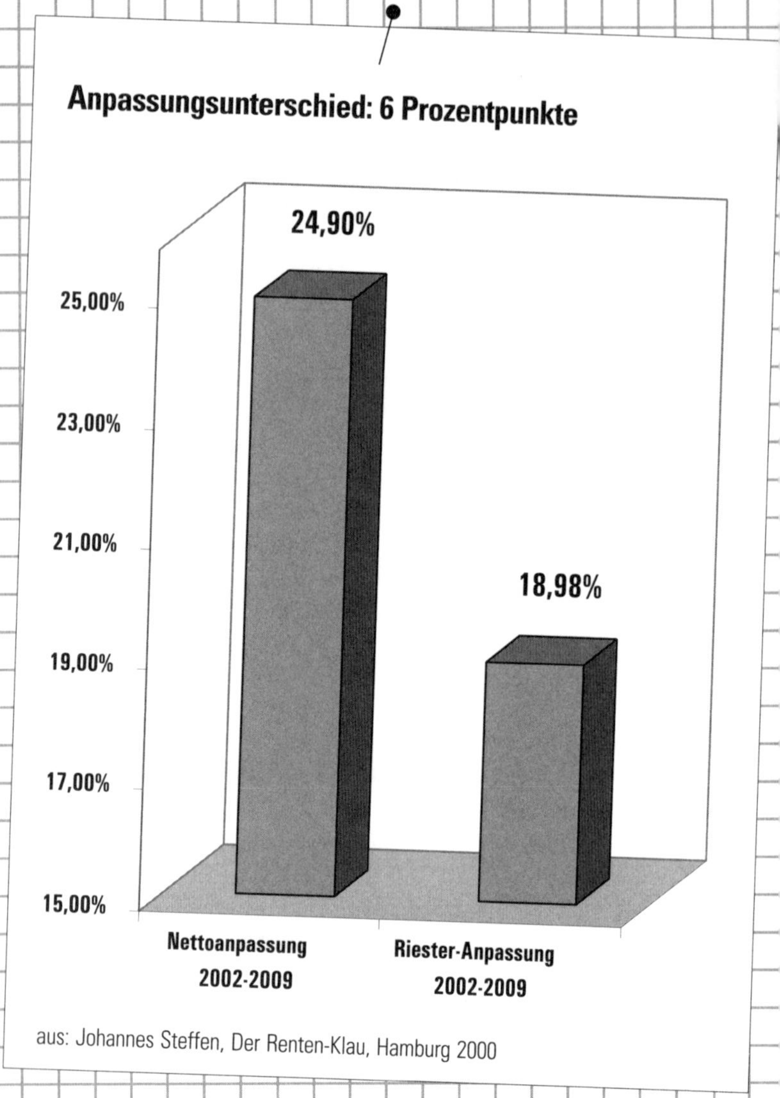

Anpassungsunterschied: 6 Prozentpunkte
24,90%
18,98%
25,00%
23,00%
21,00%
19,00%
17,00%
15,00%
Nettoanpassung 2002-2009
Riester-Anpassung 2002-2009
aus: Johannes Steffen, Der Renten-Klau, Hamburg 2000

Die Renten folgen künftig wieder den Nettolöhnen!

Behauptung

»Ich stehe dafür, dass die Renten auch in Zukunft so steigen wie die Nettoeinkommen der Arbeitnehmer.« (Bundeskanzler *Gerhard Schröder* am 17.2.1999 beim politischen Aschermittwoch der Bayern-SPD in Vilshofen)

»*Selbstverständlich werden wir zur nettolohnbezogenen Rentenanpassung zurückkommen.* Diese Anpassung setzen wir lediglich für zwei Jahre aus. (...) Wir werden nach den zwei Jahren, in denen die Rente entsprechend der Preissteigerungsrate steigt, wieder dazu zurückkehren, dass die Rentenanpassung den Lohn- und Gehaltssteigerungen entspricht. *Das ist eine völlig klare Sache.*« (*Gerd Andres* [*SPD*], Parlamentarischer Staatssekretär beim Bundesminister für Arbeit und Sozialordnung, Plenarprotokoll 14/60 v. 6.10.1999 [Fragestunde])

Tatsache

Abkoppelung vom Nettolohn für mindestens zehn Jahre

Eins ist sicher: In diesem Jahrzehnt werden die Renten nicht mehr entsprechend der Nettolohnentwicklung erhöht.

- *2000 und 2001* gibt's nur eine *Inflationsanpassung.*
- In den Jahren *2002 bis 2009* bleibt die Erhöhung alleine wegen der von Rot-Grün geplanten *anpassungsmindernden Berücksichtigung des Privatvorsorgebeitrags* jährlich um rd. 0,5%-Punkte hinter den Nettolöhnen zurück.
- Entlastungen der Arbeitnehmer im Bereich der *Lohn- und Einkommensteuer* werden künftig nicht mehr an die Rentner weitergegeben.
- Auch eine Senkung des Beitrags zur *Arbeitslosenversicherung* ab etwa 2005 wird den Rentnern vorenthalten.

Insgesamt werden die Renten zwischen 2002 und 2009 um rd. 6%-Punkte geringer angepasst, als es der Entwicklung der Nettolöhne entspräche.

Arbeitnehmeranteil zur Altersvorsorge in %

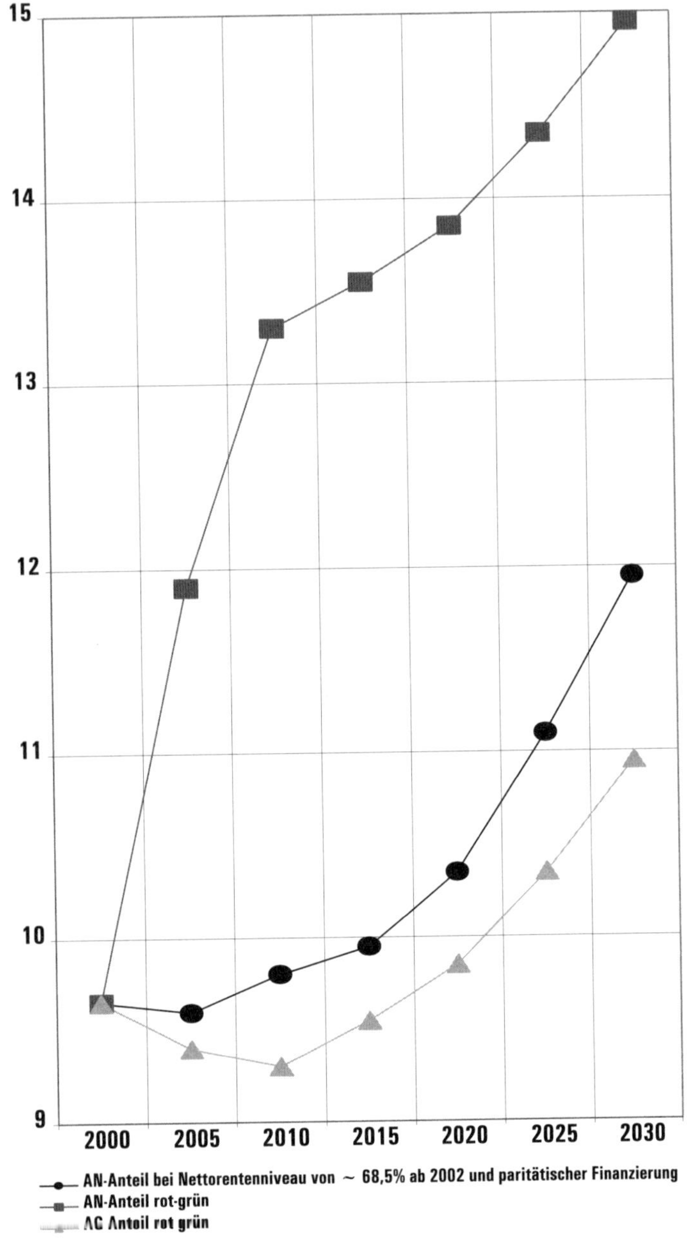

aus: Johannes Steffen, Der Renten-Klau, Hamburg 2000

Entlastung der jüngeren Generation

Behauptung

»Dieses neue Altersvorsorgepaket soll die Interessen künftiger Generationen berücksichtigen. *Gerade die Jungen sind auf langfristig stabile Beiträge angewiesen.*«
(*BMA,* Informationen zur geplanten Rentenstrukturreform, August 1999, S. 12)

Tatsache

Enorme Zusatzbelastung für alle Arbeitnehmer

Im März 2000 legte Riester der Opposition Berechnungen vor, denen zufolge unter Beibehaltung eines *Nettorentenniveaus* von rd. *68,5%* (ab 2002) im Jahre *2030* ein *Beitragssatz* von *24%* erforderlich wäre. *Arbeitnehmer* und *Arbeitgeber* hätten unter Beibehaltung des nach den Jahren der »Inflationsanpassung« erwarteten Rentenniveaus *in etwa 30 Jahren* also *jeweils 12% paritätisch* zu finanzieren.

Unter Strafe der Armut im Alter will Rot-Grün den *Arbeitnehmern* jetzt einen *Gesamtvorsorgebeitrag* (gesetzlich plus privat) aufzwingen, der *bereits ab dem Jahre 2006* – also ein Vierteljahrhundert früher – *die 12%-Marke übersteigt.*

Gerade auch die *jüngere Generation soll* nach dem Willen von Schröder und Riester *sehr viel früher und sehr viel mehr an Belastungen tragen,* als sie ohne die Demontage der sozialen Rentenversicherung zu tragen hätte. Und: *Statt 12% sollen die Jüngeren im Jahre 2030 sogar 15% zahlen.*

Jahr	Zusätzlicher Bundeszuschuss	Erhöhungsbetrag zum zusätzlichen Bundeszuschuss	Beiträge für Kindererziehungszeiten
	Angaben in Milliarden DM		
1998	9,6	0,0	0,0
1999	15,6	0,0	13,6
2000	**15,2**	2,6	22,4
2001	**15,7**	8,6	**22,8**
2002	**16,1**	13,9	**23,1**
2003	**17,8**	19,3	**23,1**

Quelle: BMA 1999, **fett** = seinerzeitige Prognose/Schätzung

aus: Johannes Steffen, Der Renten-Klau, Hamburg 2000

Wir geben Zeichen

Behauptung

»Mit der Reform muss ein Zeichen an die jüngere Generation gegeben werden, dass die Probleme in der Rentenversicherung nicht auf ihrem Rücken gelöst werden.«
(*BMA*, Das Konzept der Rentenreform 2000, Berlin, Juli 2000)

Tatsache

Entlastung der Arbeitgeber

Im Jahre *2010* zum Beispiel sollen

- die *Arbeitgeber* nur noch *9,35%*
- die *Arbeitnehmer* aber *13,35%*

zur Altersvorsorge zahlen.

An dieser Stelle ist in Erinnerung zu rufen:

- Seit *April 1998* erhält die Rentenversicherung einen sog. *zusätzlichen Bundeszuschuss* zur pauschalen Abgeltung nicht beitragsgedeckter Leistungen (noch unter Kohl mit rot-grüner Unterstützung beschlossen). Damit wurde der Beitragssatz bei 20,3% stabilisiert. Finanziert wird der zusätzliche Bundeszuschuss über die seither von 15% auf 16% erhöhte *Mehrwertsteuer.*
- Seit *Juni 1999* werden vom Bund direkte *Beiträge für Kindererziehungszeiten* geleistet. Der Beitragssatz konnte ab April 1999 auf 19,5% gesenkt werden. Der Bund finanziert die Leistungen aus der *1. Stufe der Ökosteuer.*
- Seit *Januar 2000* zahlt der Bundeshaushalt zudem einen sog. *Erhöhungsbetrag zum zusätzlichen Bundeszuschuss* – finanziert aus den *weiteren Stufen der Ökosteuer.* Der Beitragssatz wurde auf 19,3% gesenkt.

Fazit: Über die Erhöhung allgemeiner Verbrauchsteuern finanzieren Arbeitnehmer und Rentner schon heute die Entlastung der Arbeitgeber bei der Rente um ca. 1,1 bzw. 1,6 (2003) Prozentpunkte.

Zweimal Bruttostandardrente

Zugangsrente in DM pro Monat

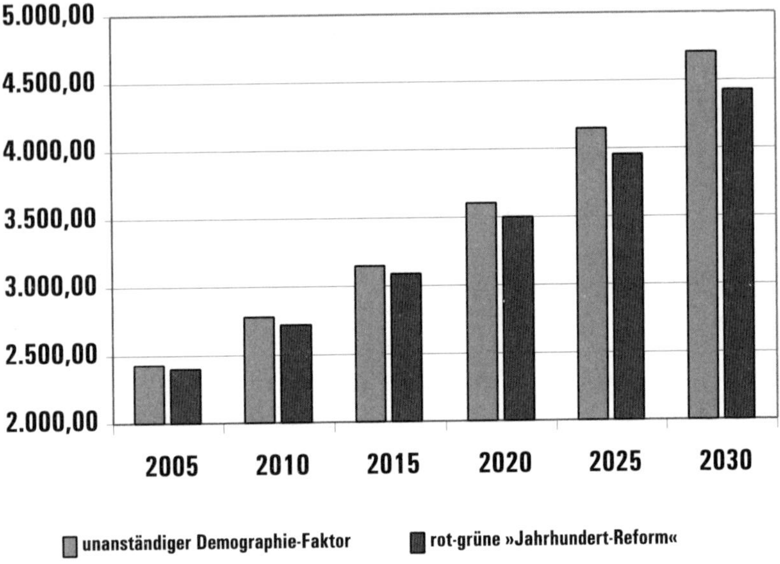

aus: Johannes Steffen, Der Renten-Klau, Hamburg 2000

Demographie-Faktor ist »unanständig« Behauptung

(Gerhard Schröders tägliche Botschaft
im Bundestagswahlkampf 1998)

»Wir haben die letzte große Rentenkürzung der CDU/CSU/FDP-Koalition wieder rückgängig gemacht. Sie werden sich erinnern: Die alte Regierung hat einen sogenannten ›demographischen Faktor‹ in die Rentenformel eingebaut – sprich: die Rentnerinnen und Rentner finanziell dafür zur Rechenschaft gezogen, dass sie heute älter werden als ihre Eltern und Großeltern. (...) Langfristig wird die Rente auf einem höheren Niveau stabilisiert, als es die alte Bundesregierung beabsichtigte.«
(*SPD-Bundestagsfraktion,* Die Rente der Zukunft – Wir bauen die Brücke zwischen den Generationen, Juli 1999)

Tatsache ... aber Rot-Grün kürzt die Rente noch stärker

Wenn schon der demographische Faktor der Altkoalition *»unanständig«* war – wie ist dann die rot-grüne Rentenpolitik zu bezeichnen?

Nach Berechnungen des VDR wäre nämlich die Bruttorente des Durchschnittsverdieners bei Inkrafttreten des Blümschen Demographiefaktors ab dem Jahre 2002 bis zum Jahre 2030 stärker gestiegen, als dies für die Zugangsrenten ab dem Jahre 2011 nach dem rot-grünen Konzept vorgesehen ist.

Die Rentner werden für ihre gestiegene Lebenserwartung unter Gerhard Schröder also schon hier und heute stärker bestraft, als von der Altkoalition vorgesehen war.

Nettostandardrentenniveau in %

Rentenbestand

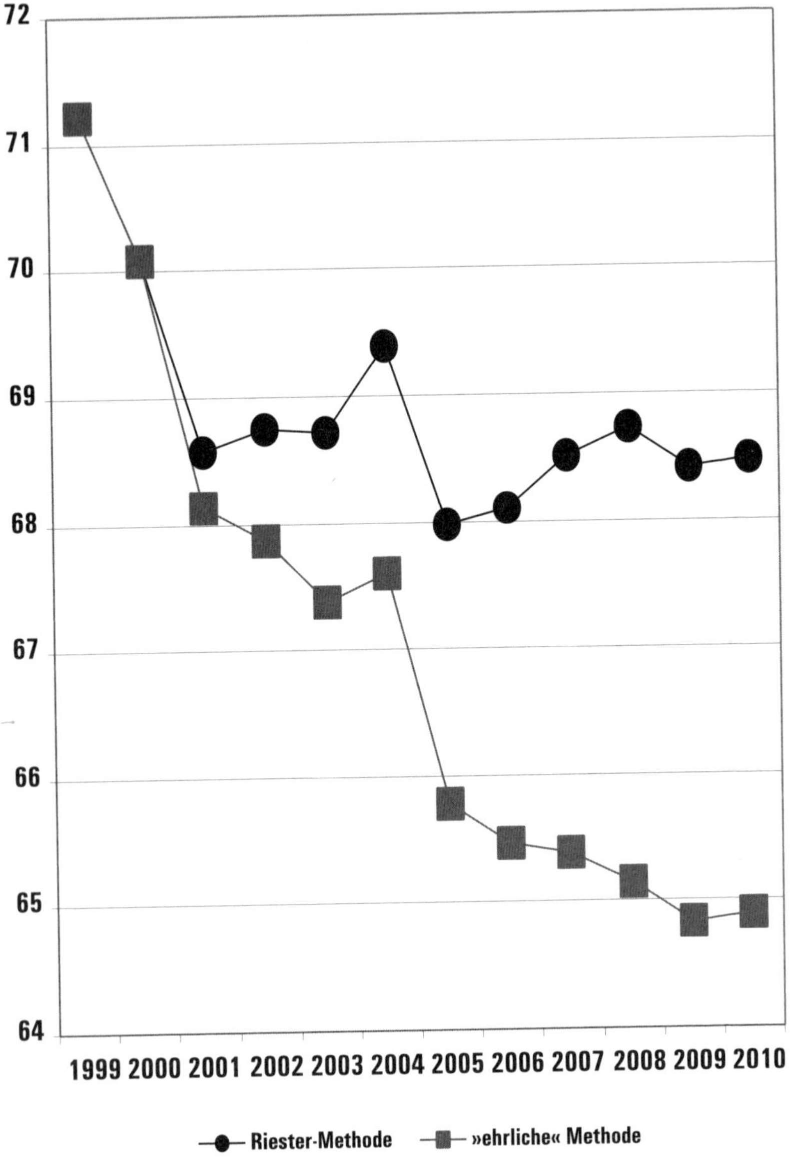

aus: Johannes Steffen, Der Renten Klau, Hamburg 2000

Riester-Niveau liegt über Blüm-Niveau Behauptung

»Langfristig wird die Rente auf einem höheren Niveau stabilisiert, als es die alte Bundesregierung beabsichtigte.«
(*SPD-Bundestagsfraktion*, Die Rente der Zukunft – Wir bauen die Brücke zwischen den Generationen, Juli 1999)

Tatsache I Riesters Rechen-Trick

Das Nettorentenniveau wird heute nach folgender Formel berechnet:

$$\frac{\text{Netto-Standardrente}}{\text{Durchschnittliches Nettoarbeitsentgelt}}$$

2.013,86 DM : 2.873,25 DM = 70,09%

Angenommen, die Nettostandardrente steigt bis zum *Jahre 2010* auf 2.419,62 DM und das Nettoarbeitsentgelt auf 3.729,00 DM. Das Rentenniveau betrüge dann

2.419,62 DM : 3.729,00 DM = 64,89%

Das ist schlecht. *Riesters Rechentrick:* Er zieht einfach die Privatprämie vom Entgelt ab – und schon sieht das Niveau »besser« aus:

2.419,62 DM : 3.533,33 DM = 68,48%

Fazit: Bereits in wenigen Jahren beschert uns Rot-Grün ein »ehrlich« ermitteltes *Rentenniveau* von *unter 65%* – das ist »Blüm« im Turbo-Gang.

Hierbei ist noch nicht berücksichtigt, dass *Abgabenentlastungen* bei den Arbeitnehmern künftig *nicht mehr an die Rentner weitergegeben* werden. *Dadurch sinkt das Niveau auf Dauer noch tiefer!*

Standardrente (Ost) zum 1. Juli 1999
Betrag und Anpassungssatz nach alter Formel und nach »Riester-Formel«

Monatsrente in DM

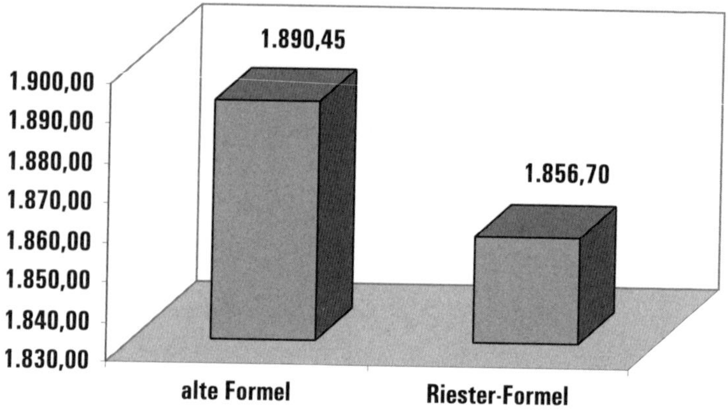

Anpassung in %

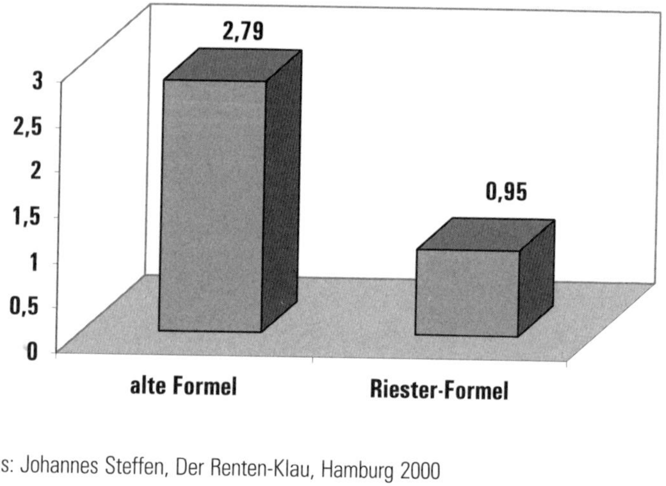

aus: Johannes Steffen, Der Renten-Klau, Hamburg 2000

Riester-Niveau liegt über Blüm-Niveau Behauptung

»Langfristig wird die Rente auf einem höheren Niveau stabilisiert, als es die alte Bundesregierung beabsichtigte.«
(*SPD-Bundestagsfraktion*, Die Rente der Zukunft – Wir bauen die Brücke zwischen den Generationen, Juli 1999)

»Die SPD-geführte Bundesregierung wird die unsoziale Rentenpolitik unmittelbar nach der Bundestagswahl korrigieren.«
(*SPD-Wahlprogramm* für die Bundestagswahlen 1998)

Tatsache II Differenz seit Juli 2000: 0,1 Prozent

»Wenn wir die so genannte Standardrente nehmen, so liegt sie am 1. Juli fast exakt bei dem gleichen Betrag, ob man den Demographieabschlag genommen hätte oder die Rentenerhöhung des letzten Jahres und die in diesem Jahr zusammenzählt. Die Differenz beträgt genau 2,58 DM.«
(*Walter Riester*, Plenarprotokoll 14/94 v. 22.3.2000, [Aktuelle Stunde betr. Rente und Rentenanpassung entsprechend der Inflationsrate])

Trotz Aussetzung des Demographie-Faktors liegt die *»Riester-Rente«* also schon heute *genau so niedrig wie* die *unanständige »Blüm-Rente«*. Dass dies auch in Zukunft so bleibt, dafür sorgt die *neue Rentenanpassungsformel.*

Beispiel: Wäre der private Vorsorgebeitrag bereits im Jahre 1998 eingeführt worden, dann wäre z.B. die *Standardrente (Ost)* zum 1. Juli 1999 *statt* um *2,79%* (von 1.839,15 DM auf 1.890,45 DM) *nur* um *0,95%* (von 1.839,15 DM auf 1.856,70 DM) angepasst worden. Das ist eine *Differenz* von *1,84%-Punkten* oder ein monatlicher Anpassungsverlust von knapp *34 DM.*

Beispiel: Rentenanpassung zum 1. Juli 1999
Tatsächliches Anpassungsverfahren

West

$$AR_{'99} = 47{,}65\ DM \times \frac{53.175 DM}{52.343\ DM} \times \frac{0{,}6345}{0{,}6346} \times \frac{0{,}9248}{0{,}9243}$$

$$= 47{,}65\ DM \times 1{,}016 \times 0{,}9970 \times 1{,}0005$$

$= 48{,}29$ DM = Erhöhung um **1,34%**

Ost

$$AR(O)_{'99} = 40{,}87\ DM \times \frac{41.049\ DM}{40.408\ DM} \times \frac{0{,}7080}{0{,}7013} \times \frac{0{,}9240}{0{,}9222}$$

$$= 40{,}87\ DM \times 1{,}016 \times 1{,}0096 \times 1{,}0020$$

$= 42{,}01$ DM = Erhöhung um **2,79%**

Beispiel: Rentenanpassung zum 1. Juli 1999
Annahme: Einführung des Kapitalvorsorgebeitrags bereits ab 1998 (0,5%)

West

$$AR_{'99} = 47{,}65\ DM \times \frac{100-20{,}3-0{,}5}{100-20{,}3-0{,}0} \times \frac{53.175\ DM}{52.343\ DM}$$

$$= 47{,}65\ DM \times 0{,}9937 \times 1{,}016$$

$= 48{,}11$ DM = Erhöhung um: **0,97%**

Ost

$$AR(O)_{'99} = 40{,}87\ DM \times \frac{100-20{,}3-0{,}5}{100-20{,}3-0{,}0} \times \frac{41.049\ DM}{40.408\ DM}$$

$$= 40{,}87\ DM \times 0{,}9937 \times 1{,}016$$

$= 41{,}26$ DM = Erhöhung um: **0,95%**

aus: Johannes Steffen, Der Renten-Klau, Hamburg 2000

Die alte Rentenanpassungsformel

(1992-1999)

$$AR_t = AR_{t-1} \times \frac{BL_{t-1}}{BL_{t-2}} \times \frac{NQ_{t-1}}{NQ_{t-2}} \times \frac{RQ_{t-2}}{RQ_{t-1}}$$

Hierbei sind:

AR_t = neuer aktueller Rentenwert
AR_{t-1} = bisheriger aktueller Rentenwert
BL_{t-1} = Bruttolohn im Vorjahr
BL_{t-2} = Bruttolohn im Vorvorjahr
NQ_{t-1} = Nettoquote des Arbeitsentgelts im Vorjahr
NQ_{t-2} = Nettoquote des Arbeitsentgelts im Vorvorjahr
RQ_{t-2} = Rentennettoquote im Vorvorjahr
RQ_{t-1} = Rentennettoquote im Vorjahr
Nettoquote des Arbeitsentgelts = Verhältnis der Nettolohn- und -gehaltssumme je durchschnittlich beschäftigten Arbeitnehmer zur Bruttolohn- und -gehaltssumme je durchschnittlich beschäftigten Arbeitnehmer (jeweils vorläufige Ergebnisse der Volkswirtschaftlichen Gesamtrechnung)
Rentennettoquote = Verhältnis der Nettostandardrente zur Bruttostandardrente

Die neue Rentenanpassungsformel

(ab 2002)

$$AR_t = AR_{t-1} \times \frac{100 - RV_{t-1} - KVB_{t-1}}{100 - RV_{t-2} - KVB_{t-2}} \times \frac{BL_{t-1}}{BL_{t-2}}$$

Hierbei sind:

AR_t = neuer aktueller Rentenwert
AR_{t-1} = bisheriger aktueller Rentenwert
RV_{t-1} = voller RV-Beitragssatz im Vorjahr
RV_{t-2} = voller RV-Beitragssatz im Vorvorjahr
KVB_{t-1} = Kapitalvorsorgebeitragssatz im Vorjahr
KVB_{t-2} = Kapitalvorsorgebeitragssatz im Vorvorjahr
BL_{t-1} = Bruttolohn im Vorjahr
BL_{t-2} = Bruttolohn im Vorvorjahr
Kapitalvorsorgebeitragssatz: ab 2001 (0,5%) steigend um jährlich 0,5%-Punkte auf 4,0% ab 2008.

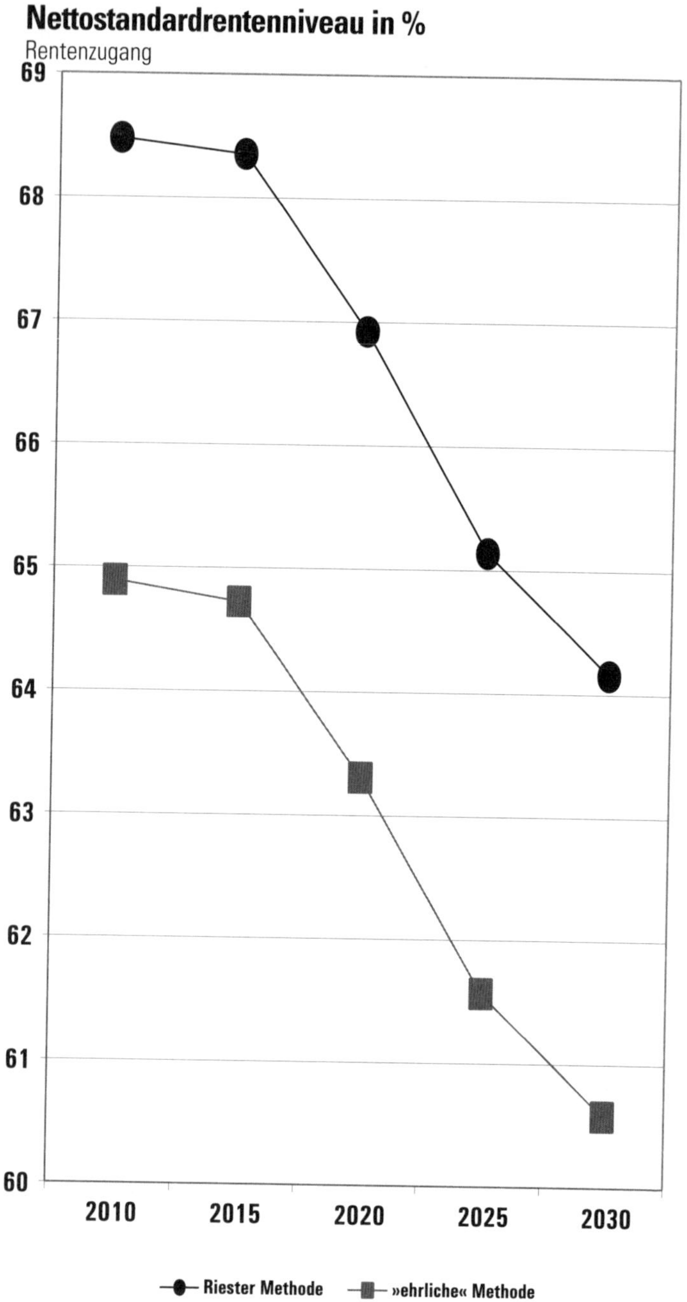

aus: Johannes Steffen, Der Renten-Klau, Hamburg 2000

Riester-Niveau liegt über Blüm-Niveau

Behauptung

»Langfristig wird die Rente auf einem höheren Niveau stabilisiert, als es die alte Bundesregierung beabsichtigte.«
(*SPD-Bundestagsfraktion,* Die Rente der Zukunft – Wir bauen die Brücke zwischen den Generationen, Juli 1999)

Tatsache III

Rot-grüne Rente fällt fast auf Sozialhilfeniveau

Die *alte Koalition* hatte mit ihrem Demographie-Faktor eine Senkung des Rentenniveaus von heute rd. 70% auf perspektivisch *64%* vorgesehen. Nach den Plänen von *Rot-Grün* wird das Niveau noch viel dramatischer auf langfristig *rd. 60½%* sinken. Dies hat der VDR in seiner Presseerklärung vom 6. Juli noch einmal ausdrücklich bestätigt. In Abhängigkeit vom Rentenzugangsjahr soll nämlich *ab 2011* ein sogenannter *Ausgleichsfaktor* die gesetzliche Rente kontinuierlich kürzen – zunächst um 0,3% (2011), dann für jedes folgende Zugangsjahr um 0,3%-Punkte steigend auf *6%* im Jahre *2030.*

Seit Juli 2000 beträgt die monatliche Nettostandardrente im Westen rd. *2.020 DM.* Das ergibt ein Nettorentenniveau von rd. *70%.* Bei einem Nettorentenniveau von rd. *60½%* erhielte der Durchschnittsverdiener nach 45 Beitragsjahren zu heutigen Werten nur noch eine monatliche Nettorente von rd. *1.745 DM. Trotz lebenslanger Beitragszahlung wäre der Abstand zum Sozialhilfeniveau* – rd. 1.200 DM bzw. 1.900 DM bei Alleinstehenden bzw. Ehepaaren – *nur noch gering.*

Wie die Rente sinken soll

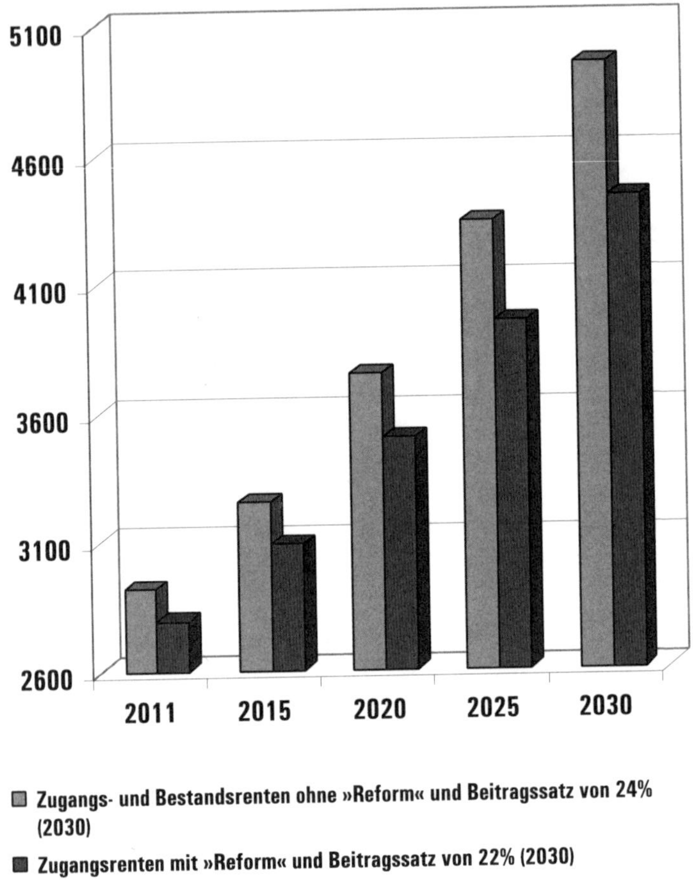

aus: Johannes Steffen, Der Renten-Klau, Hamburg 2000

Der »sozial verträgliche Ausgleichsfaktor« ...

Behauptung

»Mit einem neuen – sozial verträglichen – Ausgleichsfaktor berücksichtigen wir unterschiedliche Möglichkeiten von Beitragszahlern und Rentnern, sich auf Veränderungen in den Leistungen der Rentenversicherung einstellen zu können. Der Ausgleichsfaktor schont alle Rentner und rentennahen Jahrgänge, weil sie zusätzliche Vorsorge nicht mehr treffen können. Er bringt Einschränkungen nur für die, die noch zusätzlich vorsorgen können.«
(Presseservice der SPD Nr. 191/00, Beschluss des SPD-Parteivorstandes v. 3.7.2000 zur Rentenreform 2000)

Tatsache

... ist in Wirklichkeit nur ein Kürzungsfaktor

Wer als Durchschnittsverdiener mit 45 Versicherungsjahren im Jahre ... in Rente geht ...	... könnte voraussichtlich eine Bruttorente in Höhe von ... DM erhalten	Die Rente wird jedoch um ... Prozent gekürzt	Das wäre ein Minus von ... DM	Privatrente bei Verzinsung von 4,0% p.a. in DM	Übrig blieben also ... DM Bruttorente
2010	2.722,95	0,0	0,00	72,52	2.722,95
2011	2.801,25	0,3	8,40	86,56	2.792,85
2012	2.885,40	0,6	17,31	101,50	2.868,09
2013	2.971,80	0,9	26,75	117,38	2.945,05
2014	3.056,85	1,2	36,68	134,25	3.020,17
2015	3.140,55	1,5	47,11	152,16	3.093,44
2020	3.612,60	3,0	108,38	259,24	3.504,22
2025	4.138,65	4,5	186,24	401,31	3.952,41
2030	4.715,10	6,0	282,91	587,86	4.432,19

Je später Versicherte in Rente gehen, um so stärker werden sie belastet. Die Jüngeren zahlen also am meisten drauf.

Ergebnis: Der Faktor gleicht nicht aus – er kürzt!

Gesamtversorgungsniveau in %
Standardrentner

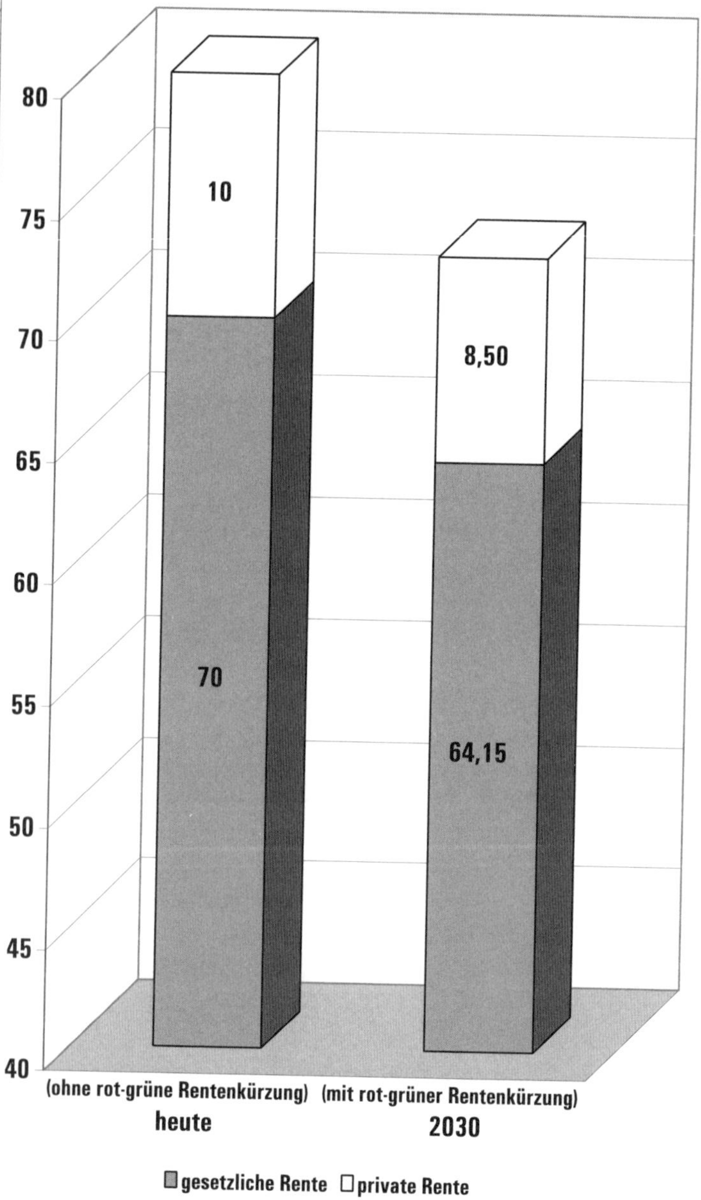

aus: Johannes Steffen, Der Renten-Klau, Hamburg 2000

Lebensstandard im Alter wird gesichert Behauptung

»Durch die Kombination von umlagefinanzierter Rentenversicherung und kapitalgedeckter Altersvorsorge werden künftige Rentnerinnen und Rentner eine lebensstandardsichernde Alterssicherung erwerben.« (*Koalitionsarbeitsgruppe,* Deutschland erneuern – Rentenreform 2000 v. 30.5.2000)

»Die Leistungen aus gesetzlicher Rente und kapitalgedeckter Zusatzvorsorge werden langfristig deutlich über dem heutigen Niveau liegen. Das ist der entscheidende Punkt unserer Reformüberlegungen.«
(*Riesters Musterreferat* für seine Abgeordneten vom Juli 2000)

Tatsache Lebensstandard sinkt

Für die *Rentenzugänge des Jahres 2030* errechnet die Koalition ein *Versorgungsniveau* aus gesetzlicher und privater Rente in Höhe von *72,65%*. Das gesetzliche Rentenniveau nach *»Riester-Methode«* liegt dann aber gerade noch bei 64,15%. – Bei ihrer Rechnung unterschlägt die Koalition vor allem folgende Tatsache: Schon lange treffen viele Arbeitnehmer private Vorsorge für's Alter (z.B. Lebensversicherungen, langfristige Sparpläne, Eigenheim). Die *Gesamtversorgung* aus sozialer Rentenversicherung plus privater Vorsorge beläuft sich *heute* beim Standardrentner (West) auf *zwischen 75% und 80%* – so eine Untersuchung im Auftrag des BMA und des VDR von 1996.

Spätestens hier entpuppt sich der Charakter der vermeintlich zusätzlichen *Privatvorsorge* im rot-grünen Konzept: *Nicht Ergänzung* der gesetzlichen Alterssicherung, *sondern* – weil alleine von Arbeitnehmerinnen und Arbeitnehmern finanziert – *teurer Ersatz* für bislang paritätisch finanzierte und künftig drastisch gekürzte Leistungen der sozialen Rentenversicherung.

Wen und was die soziale Rentenversicherung absichert ...

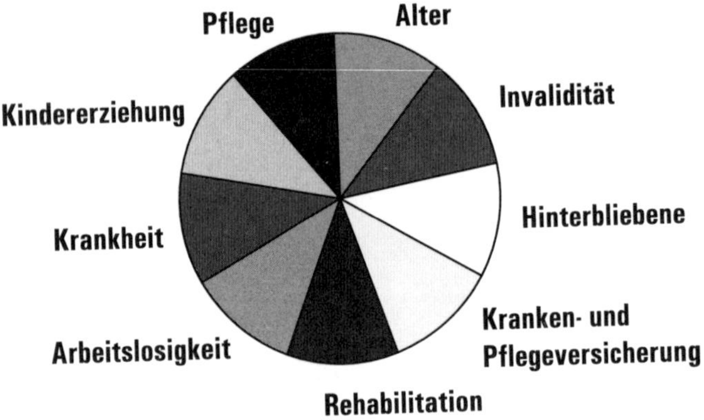

aus: Johannes Steffen, Der Renten-Klau, Hamburg 2000

Welche Risiken sichert die Rente?

In der sozialen Rentenversicherung werden abgesichert ...

- Einkommensrisiko im Alter,
- Invaliditätsrisiko,
- Versorgung der Hinterbliebenen,
- Kranken- und Pflegeversicherung der Rentner (hälftiger Beitrag),
- Rehabilitationsschutz,
- Zeiten der Arbeitslosigkeit und Krankheit,
- Zeiten der Kindererziehung und
- Zeiten ehrenamtlicher Pflege

Der soziale Schutz ist unabhängig vom Ausmaß des individuellen Risikos – also etwa dem Geschlecht, dem Eintrittsalter, evtl. Vorerkrankungen, Zahl der Familienmitglieder oder ähnlichem. Vor allem das Risiko einer frühzeitigen Erwerbsunfähigkeit wird unabhängig von Vorerkrankungen oder vom Alter der Arbeitnehmer in einem Umfang abgesichert, den zu diesen Konditionen keine Privatversicherung anbieten könnte.

... und was die rot-grüne Privatvorsorge

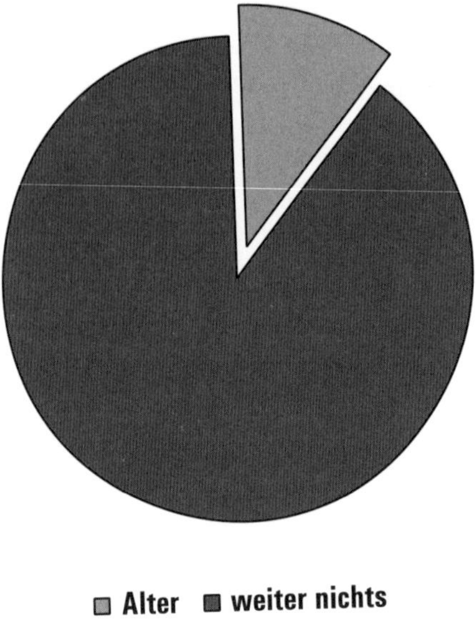

aus: Johannes Steffen, Der Renten-Klau, Hamburg 2000

... und welche die Privatvorsorge?

Das rot-grüne Privatvorsorge-Konzept beschränkt sich auf die Absicherung des

- Einkommensrisikos im Alter

Einzige Anforderung soll zudem sein, dass vom Privatversicherer wenigstens die eingezahlten Beiträge als Mindestleistung garantiert werden.

- Während die gesetzliche Rente auch durch Zeiten z.B. der *Arbeitslosigkeit, Krankheit* oder *Kindererziehung* erhöht wird, führen derartige Zeiten bei privater Absicherung – wegen der dann auftretenden Lücken bei der Prämienzahlung – unmittelbar zu Verlusten bei der Versorgungsanwartschaft.
- Bei *Invalidität* oder im *Hinterbliebenenfall* schmilzt die *Privatrente* – sofern Leistungen überhaupt erbracht werden – auf Minimalbeträge zusammen.
- Und: *Frauen* erhalten als sog. schlechte Risiken *bei gleicher Prämienzahlung eine geringere Privatrente als Männer.*

Privatvorsorge kennt keine Parität bei der Finanzierung – und keinen Solidarausgleich bei den Leistungen!

»Wir machen die zusätzliche kapitalgedeckte Altersvorsorge finanzierbar.« Behauptung

(*Koalitionsarbeitsgruppe,* Deutschland erneuern – Rentenreform 2000 v. 30.5.2000)

Zu diesem Zweck soll es eine *staatliche Förderung* geben:

I. Staatliche Zulage ...

... bei einem zu versteuernden Einkommen bis 35.000 DM bzw. 70.000 DM (Ledige bzw. Verheiratete) in Höhe von 50% der privaten Altersvorsorgeaufwendungen, jedoch maximal pro Jahr:

	Ledige	Verheiratete
ohne Kind	350 DM	700 DM
mit 1 Kind	450 DM	900 DM
mit 2 und mehr Kindern	500 DM	1.000 DM

II. Steuerfreibetrag ...

... in Höhe von zunächst 0,5% der Einkünfte, ansteigend auf 4% (ab 2008) – höchstens 4% der Beitragsbemessungsgrenze der Rentenversicherung; das entspräche einem Steuerfreibetrag von z.Zt. etwa *4.100 DM* bzw. *8.200 DM* für *Ledige* bzw. *Verheiratete.*

III. Entgeltumwandlung für alle ...

Der *SPD-Bundestagsfraktion* reicht das noch nicht aus; die stellvertretende Fraktionsvorsitzende, Ulla Schmidt, fordert *zusätzlich* für alle Arbeitnehmer: *»Vollen Rechtsanspruch auf steuer- und beitragsfreie Entgeltumwandlung für Beiträge zur privaten Altersvorsorge«!* – Gleiches findet sich im Beschluss des SPD-Parteivorstands vom 3. Juli 2000.

(*Ulla Schmidt,* zitiert nach *Handelsblatt* v. 15.06.2000 sowie *Presseservice der SPD Nr. 191/00,* Beschluss des SPD-Parteivorstandes v. 3.7.2000 zur Rentenreform 2000)

Tatsache ... dabei dürfen auch Kosten keine Rolle spielen

Die Aufwendungen für die direkte staatliche Förderung belaufen sich dem Koalitionskonzept zufolge ab dem Jahre 2008 auf jährlich fast 20 Mrd. DM. Auf Grund der Freibetragsregelung werden höhere Einkommen zudem stärker gefördert als Kleinverdiener. Während es sich die Sekretärin trotz staatlicher Förderung nicht leisten kann, zusätzlich 4% ihres Bruttogehalts abzuzweigen, erhält ihr Abteilungsleiter, der heute schon fürs Alter privat vorsorgen kann, von Schröder und Riester auch noch ein Zubrot.

Die *zusätzlich* geforderte flächendeckende Gehaltsumwandlung in Höhe von beispielsweise weiteren 4% würde die Kosten für die öffentlichen Haushalte noch mehr erhöhen: Bei den Sozialversicherungsträgern und bei den Gebietskörperschaften (Bund, Länder und Gemeinden) wäre mit (saldierten) Mindereinnahmen von zusammen jährlich noch einmal rund 20 Mrd. DM zu rechnen.

Politischer Wille der Koalition ist es also, Jahr für Jahr insgesamt bis zu 40 Milliarden Mark in die Förderung eines »faulen Produkts« zu pumpen – das wären umgerechnet fast 3 Beitragspunkte zur Rentenversicherung. In dieser Höhe soll die Privatvorsorge Jahr für Jahr bezuschusst werden, weil die soziale Rente mit lebensstandardsichernden Leistungen angeblich nicht finanzierbar sei. Hier wird blanker Irrsinn zur Leitmaxime rot-grüner Sozialpolitik.

Würden die Gelder stattdessen der sozialen Rentenversicherung zur Verfügung gestellt, so ließe sich allemal über die kommenden Jahrzehnte auch ohne die vermeintliche »Reform« ein lebensstandardsicherndes Leistungsniveau finanzieren.

Faustdaten zu den Rentenfinanzen 2000

(Beträge in Mrd. DM)

	Alte Länder	Neue Länder	Bundesgebiet
Jährliche Beitragseinnahmen bei			
1% Beitragssatzerhöhung	13,9	2,5	16,4
1% Lohnzuwachs	2,6	0,5	3,1
Je 100.000 Beschäftigte	1,0	0,7	0,9*
Je 100.000 Leistungsempfänger der BA	0,5	0,4	0,5*
Jährliche Rentenausgaben bei			
1% Rentenerhöhung	2,8	0,8	3,6
1% KVdR- bzw. PVdR-Beitrag	2,9	0,8	3,7
Je 100.000 laufende Renten	1,6	1,6	1,6*
Schwankungsreserve			
1 Monatsausgabe zu eigenen Lasten	22,6	5,3	27,9

* gewichtete Mittelwerte

Quelle: VDR, Rentenversicherung in Zahlen 2000, Frankfurt, Juli 2000

aus: Johannes Steffen, Der Renten-Klau, Hamburg 2000

»Hochinteressante Lösung«

Behauptung

Frage: Wieviele Menschen werden in den Genuss der Förderung der Privatvorsorge kommen?
Riester: »Grob geschätzt sind 18 Millionen Beschäftigte einbezogen. Und ich bin überzeugt davon, dass die Tarifpolitik in zunehmendem Maße von dieser Neuregelung Gebrauch machen wird. *Wer als Arbeitnehmer beispielsweise Gehaltsumwandlung macht, zahlt dafür weder Steuern noch Sozialversicherungsbeiträge. Das ist eine hochinteressante Lösung.«*
(Interview, Bremer Nachrichten v. 2.6.2000)

Tatsache

Austrocknung der sozialen Sicherungssysteme

Nicht nur die SPD-Bundestagsfraktion und der SPD-Parteivorstand, auch der zuständige Minister propagiert damit öffentlich die schleichende Austrocknung der Finanzierungsgrundlagen der sozialen Sicherungssysteme. Die flächendeckende *Gehaltsumwandlung* der von Riester geforderten *4%* des beitragspflichtigen Entgelts (Privatvorsorgeprämie ab 2008) würde für die *Sozialversicherung* nach heutigem Stand jährliche *Einnahmeverluste* in Höhe *zweistelliger Milliardenbeträge* bedeuten. – Das entspricht fast einem Beitragspunkt zur Rentenversicherung.

- *Stärkere und schnellere Senkung des Rentenniveaus*

als von der alten Koalition geplant
plus

- *Kürzung der künftigen Neurenten*

um einen als »Ausgleichsfaktor« verniedlichten Abschlag
plus

- *Aufruf zur »Entgeltflucht« aus der Sozialversicherung.*

Der ehemals Zweite Vorsitzende der IG Metall wird in seinem neuen Amt offenbar von dem missionarischen Eifer getrieben, die soziale Rentenversicherung sturmreif zu schießen. Das hat selbst Norbert Blüm in 16 Jahren nicht geschafft – und politisch auch nie gewollt.

Erforderliche Zahl an Beitragsjahren ...

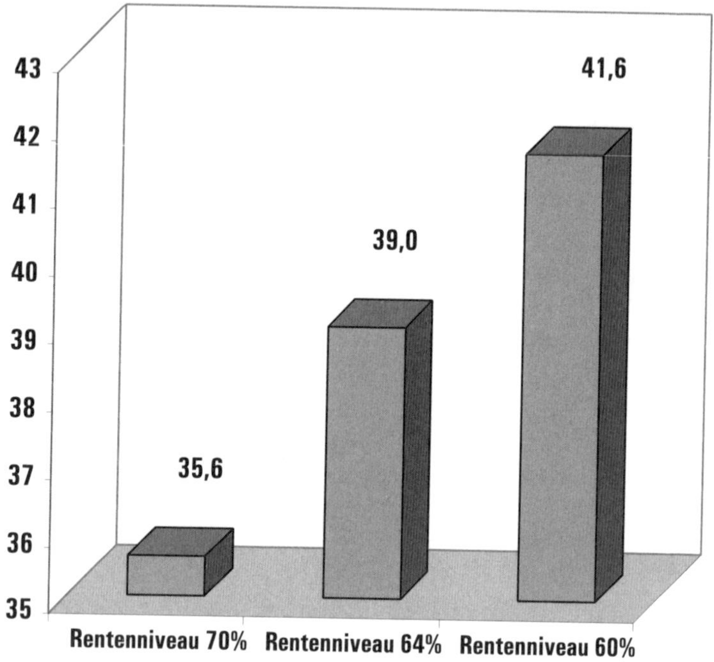

... um als 75%-Verdiener mit der Rente wenigstens die Sozialhilfeschwelle erreichen zu können

aus: Johannes Steffen, Der Renten-Klau, Hamburg 2000

Behauptung

»Wir verhindern verschämte Altersarmut«

(*Koalitionsarbeitsgruppe,* Deutschland erneuern – Rentenreform 2000 v. 30.5.2000)

»Die Kürzung des Rentenniveaus würde viele Rentnerinnen und Rentner zu Sozialhilfeempfängern machen. Bei Frauenrenten von durchschnittlich 900 Mark im Monat wird dies besonders deutlich. So darf man mit Menschen, die ein Leben lang hart gearbeitet haben, nicht umgehen.«
(*SPD-Wahlprogramm* für die Bundestagswahlen 1998)

»Unser Ziel in der Rentenversicherung ist die langfristige Sicherung der Renten zu bezahlbaren Rentenbeiträgen, damit Altersarmut nicht mehr auftritt.«
(*Walter Riester,* Plenarprotokoll 14/73 v. 25.11.1999, S. 6697 Aff [2. Lesung Haushaltsgesetz 2000])

Tatsache

Rot-Grün erhöht Altersarmut

- Wer nur 75% des Durchschnittsentgelts verdient – das wären im Westen z.Zt. knapp 41.000 Mark im Jahr –, muss *heute* schon *35,6 Jahre* Beiträge gezahlt haben, um mit seiner Rente das Sozialhilfeniveau zu erreichen (knapp 1.200 DM).
- Bei einem auf *64%* gekürzten *Rentenniveau* wären nach heutigen Werten schon *39 Jahre* nötig.
- Und bei einem auf *60%* abgesenkten *Niveau* wären sogar *41,6 Jahre* erforderlich.

Wenn selbst eine erwerbslebenslange Beitragszahlung keine Rente mehr deutlich oberhalb der Sozialhilfe garantiert, dann verliert die soziale Rentenversicherung jegliche Akzeptanz und Legitimation – sie wird politisch in sich zusammenbrechen. *Rot-Grün tut alles, um dieses Ziel möglichst schnell zu erreichen.*

Rot-grüne »Rentenreform 2000«

Das Ergebnis

- Das *Leistungsniveau der sozialen Rentenversicherung sinkt für alle* Rentnerinnen und Rentner – ob Zugang oder Bestand, ob mit oder ohne Privatvorsorge
- *Privatvorsorge* kennt *keine paritätische Finanzierung*
- Die *Gesamtbelastung der Arbeitnehmer* (Beitrag + Prämie) *liegt höher* als unter Beibehaltung des paritätisch finanzierten heutigen Leistungsspektrums
- Zudem setzt die *Zusatzbelastung der Arbeitnehmer zeitlich sehr viel früher* ein als ohne die »Reform«, die doch vermeintlich *ent*lasten soll
- *Privatvorsorge* kennt *keinerlei Solidarität* – im Gegenteil: *Frauen* z.B. erhalten bei gleicher Prämienleistung eine geringere Rentenzahlung als Männer
- *Sicherungslücken* im Alter *werden größer* statt kleiner
- Bei *Erwerbsunfähigkeit* steht der geminderten sozialen Rente *keine adäquate Zusatzsicherung* zur Seite – denn soll auch das Erwerbsminderungsrisiko durch die 4%-ige Prämie voll abgesichert werden, so geht dies massiv zu Lasten der »Rendite« für die Alterssicherung
- Selbst bei langjähriger Beitragszahlung fällt der *Abstand zwischen gesetzlicher Rente und Sozialhilfe immer geringer* aus – Legitimation und Akzeptanz der sozialen Rentenversicherung landen endgültig im Orkus

Einzige Gewinner der rot-grünen »Rentenreform« sind

- *die privaten Finanzdienstleister* – ihnen winken blühende Geschäfte

und

- *die Arbeitgeber* – deren Beitragsentlastung zahlen die Arbeitnehmer

Das Fazit ☞

Unter dem Gesichtspunkt
- der *Verteilungsgerechtigkeit*
- der *Schließung von Sicherungslücken*
- des *Solidarausgleichs* sowie
- der *Gesamtbelastung* von Arbeitnehmern und Rentnern

sind alle derzeit von Rot-Grün oder auch der Union gehandelten »Alternativen« für Jung und Alt deutlich schlechter als die von interessierter Seite zum »Horror-Szenario« verunglimpfte Perspektive
- der *Aufrechterhaltung eines Nettorentenniveaus von rd. 68½%* ab dem Jahre 2002
- *mit* einem *paritätisch finanzierten Beitragssatz von* rd. *24%* im Jahre *2030.*

Rot-grüne »Rentenreform 2000«

Ein letztes Beispiel

Wie »lukrativ« das Angebot der Koalition zur *Rentenreform 2000* ist, zeigt folgende Rechnung für das Jahr 2030:

- Unter Aufrechterhaltung eines *Nettorentenniveaus* von *rd. 68½%* betrüge der *Arbeitnehmeranteil* zur gesetzlichen Rentenversicherung

  12,0%

- Die *Bruttostandardrente* des Durchschnittsverdieners nach 45 Versicherungsjahren beliefe sich dann im Jahre 2030 auf

  4.950,00 DM

Das Koalitionskonzept sieht für den Rentenzugang des Jahres 2030 ein »ehrliches« Nettorentenniveau von rund über 60½% vor; hinzu kämen die Leistungen der privaten Vorsorge.

- Der *Arbeitnehmeranteil* zur Altersvorsorge (gesetzliche Rentenversicherung plus private Vorsorge) betrüge im Jahre 2030

  15,0%

- Die *Gesamtversorgung* aus gesetzlicher plus privater Rente beliefe sich beim Durchschnittsverdiener nach 45 Versicherungsjahren auf

  5.020,05 DM

Für eine um 70,05 DM höhere Rente sollen die Arbeitnehmer dauerhaft um 3% höhere Beiträge zahlen, als sie zahlen müssten, wenn am bewährten Leistungs- und Finanzierungssystem auch in Zukunft festgehalten würde.

Das »überzeugt« selbst den letzten Zweifler!

Behauptungen & Tatsachen

SPD-Wahlprogramm 1998

»Die Kürzung des Rentenniveaus würde viele Rentnerinnen und Rentner zu Sozialhilfeempfängern machen.
Bei Frauenrenten von durchschnittlich 900 Mark im Monat wird dies besonders deutlich.
So darf man mit Menschen, die ein Leben lang hart gearbeitet haben, nicht umgehen.
Die SPD-geführte Bundesregierung wird die unsoziale Rentenpolitik unmittelbar nach der Bundestagswahl korrigieren.«

Der Renten-Klau

Die »Rentenreform« von Blüm und Kohl

Die alte Bundesregierung (CDU/CSU/FDP) hatte im Rahmen des Ende 1997 gegen die Stimmen der damaligen Opposition (SPD/Bündnisgrüne/PDS) verabschiedeten Rentenreformgesetzes 1999 (RRG 1999) u.a. die folgenden Maßnahmen beschlossen:

■ Demographischer Faktor

Die Einführung des sog. *demographischen Faktors* in die Rentenanpassungsformel ab dem Jahre 1999 hätte bewirkt, dass die jährlichen Rentenanpassungen um zwischen 0,4%- und 0,5%-Punkte niedriger ausgefallen wären als unter Beibehaltung der unveränderten Nettolohnorientierung. Der Demographiefaktor sollte die Auswirkungen der steigenden Lebenserwartung (Verlängerung der durchschnittlichen Rentenlaufzeit) zur Hälfte an die Rentnerinnen und Rentner weitergeben. Da die Renten infolge der veränderten Anpassungsformel langsamer gestiegen wären als die Nettolöhne, hätte dies zwangsläufig eine Senkung des Nettorentenniveaus (Verhältnis der Nettostandardrente zum durchschnittlichen Nettoarbeitsentgelt) zur Folge gehabt. Gesetzlich war eine untere Sicherungsklausel von 64% vorgesehen, unter die das Nettorentenniveau infolge der Anwendung des demographischen Faktors nicht fallen sollte.

■ Berufs- und Erwerbsunfähigkeitsrenten

Die heutigen *Renten wegen Berufs- bzw. Erwerbsunfähigkeit* sowie die spezielle *Altersrente für Berufs- oder Erwerbsunfähige* mit 60 Jahren sollten für Rentenzugänge ab dem Jahre 2000 abgeschafft werden. Statt dessen war für erwerbsgeminderte Versicherte bis zum vollendeten 65. Lebensjahr eine *Rente wegen teilweiser bzw. voller Erwerbsminderung* vorgesehen; hierbei sollte die jeweilige Arbeitsmarktlage (sog. konkrete Betrachtungsweise) nicht mehr berücksichtigt werden. Das Blüm-Konzept sah vor: Teilweise [voll] erwerbsgemindert wären Versicherte dann gewesen, wenn sie wegen Krankheit oder Behinderung auf nicht absehbare Zeit außer Stande sind, unter den üblichen Bedingungen des allgemeinen Arbeitsmarktes eine Erwerbstätigkeit von mindestens sechs Stunden [drei Stunden] täglich auszuüben. Für jeden Kalendermonat, für den Versicherte eine Rente wegen verminderter Erwerbsfähigkeit vor vollendetem 63. Lebensjahr in Anspruch nehmen, sollten sie zudem einen dauerhaften Rentenabschlag von 0,3% (maximal: 10,8%) in Kauf nehmen.

Altersgrenze für Schwerbehinderte

Die *Altersgrenze 60* für die Altersrente *für Schwerbehinderte* sollte ab dem Jahre 2000 in monatlichen Stufen um je einen Monat auf das vollendete 63. Lebensjahr angehoben werden. Die vorzeitige Inanspruchnahme der Altersrente für Schwerbehinderte mit vollendetem 60. Lebensjahr wäre weiterhin möglich gewesen – allerdings verbunden mit einem dauerhaften Rentenabschlag in Höhe von 0,3% pro vorgezogenem Monat (also bis zu 10,8%).

Was haben Riester und Schröder geändert?

Insbesondere die von der Altkoalition geplante Senkung des Nettorentenniveaus auf perspektivisch 64% wurde während des Bundestagswahlkampfes 1998 seitens des heutigen Bundeskanzlers immer wieder als politisch »unanständig« zurückgewiesen. Im Wahlprogramm der SPD hieß es u.a.: *»Die Kürzung des Rentenniveaus würde viele Rentnerinnen und Rentner zu Sozialhilfeempfängern machen. Bei Frauenrenten von durchschnittlich 900 Mark im Monat wird dies besonders deutlich. So darf man mit Menschen, die ein Leben lang hart gearbeitet haben, nicht umgehen. Die SPD-geführte Bundesregierung wird die unsoziale Rentenpolitik unmittelbar nach der Bundestagswahl korrigieren.«* – Was zunächst auch geschah.

Die sog. Korrekturgesetzgebung

Noch im Dezember 1998 verabschiedete die rot-grüne Koalition das *Gesetz zu Korrekturen in der Sozialversicherung und zur Sicherung der Arbeitnehmerrechte*. Hiermit wurden vor allem der

Übersicht 1:
Riester: 64% bedeuten zunehmende Altersarmut

Der demographische Faktor hätte längerfristig zu einer unvertretbaren Absenkung des Rentenniveaus geführt. Im Zuge dieser Entwicklung würde Altersarmut zunehmen, mit der Folge, dass in Zukunft immer mehr Rentnerinnen und Rentner den Weg zum Sozialamt gehen müssten oder aus Scham auf ihre Ansprüche verzichten würden.
Das konnten und durften wir – im Interesse der Rentnerinnen und Rentner – nicht hinnehmen. Denn für viele ist die Rente aus der gesetzlichen Rentenversicherung die Haupteinnahmequelle im Alter. Das Aussetzen des demographischen Faktors heißt aber natürlich nicht, dass wir die Augen vor der demographischen Entwicklung verschließen. Doch ist nun Zeit gewonnen für eine sozial ausgewogene Lösung des Problems.

Walter Riester, Zukunftssicher und armutsfest. Notwendigkeit und Perspektiven der Rentenreform, in: Soziale Sicherheit Nr. 3/1999, S. 86

Demographiefaktor für die Jahre 1999 und 2000 und die im Rentenreformgesetz 1999 geplante Neuregelung bei den Renten wegen verminderter Erwerbsfähigkeit sowie die Anhebung der Altersgrenze für Schwerbehinderte für das Jahr 2000 ausgesetzt. Durch die vorübergehende Aussetzung dieser Maßnahmen sollte Zeit gewonnen werden, um im Rahmen einer neuerlichen Rentenreform sozial akzeptable Lösungen finden zu können. Für den Fall allerdings, dass eine solche Reform bis Ende des Jahres 2000 nicht gelingen sollte, sah die Korrekturgesetzgebung das unveränderte Inkrafttreten der aufgeführten Maßnahmen ab dem Jahre 2001 vor.

Im Rahmen der sog. Korrekturgesetzgebung wurden auch die Finanzierungsgrundlagen der Rentenversicherung erweitert:

- Zum einen zahlt der Bund seit Juni 1999 *Beiträge für Kindererziehungszeiten* an die Rentenversicherung; finanziert werden die Zahlungen aus der ersten Stufe der Öko-Steuer. In Vorwegnahme der in der Koalitionsvereinbarung vom 20.10.1998 vorgesehenen Rentenstrukturreform, in der eine individuelle Beitragszahlung des Bundes für die Kindererziehung vorgesehen ist, wurde für die Jahre 1999 (13,6 Mrd. DM) und 2000 (22,4 Mrd. DM) eine *pauschale* Beitragszahlung eingeführt. – Die bis dahin geltende Regelung, wonach der Bund der Rentenversicherung deren Ausgaben für Kindererziehungszeiten erstattete, war bereits im Rahmen des RRG 1992 dahingehend geändert worden, dass der Erstattungsbetrag pauschal in Höhe von 4,8 Mrd. DM in den *allgemeinen Bundeszuschuss* eingestellt und in den Folgejahren entsprechend fortgeschrieben (1998: ca. 7,2 Mrd. DM) wurde. Auf Grund der Umstellung von der vormaligen Ausgabenerstattung auf die Zahlung von Beiträgen durch die sog. Korrekturgesetzgebung wurde daher der allgemeine Bundeszuschuss 1999 entsprechend um 4,75 Mrd. DM und 2000 um weitere 2,45 Mrd. DM vermindert. Im Jahre 1999 wurde der allgemeine Bundeszuschuss zudem einmalig um 2,1 Mrd. DM erhöht; damit konnte der Beitragssatz trotz der nicht in ursprünglicher Form umgesetzten Neuregelung der geringfügigen Beschäftigungsverhältnisse von 20,3% (1998) auf 19,5% (1999) gesenkt werden.

- Zum anderen erstattet der Bund der Rentenversicherung seit 1999 die tatsächlichen Aufwendungen für Leistungen nach dem *Fremdrentenrecht*; diese Erstattungen werden auf den *zusätzlichen Bundeszuschuss* mindernd angerechnet. Der Bund erstattet der Rentenversicherung seither auch die tatsächlichen Aufwendungen für Auffüllbeträge, Rentenzuschläge und Übergangszuschläge bei Renten aus den neuen Ländern sowie Leistungen nach dem beruflichen Rehabilitierungsgesetz (sog. *einigungsbedingte Leistungen*) – im Unterschied zu den Aufwendungen nach dem Fremdrentenrecht allerdings ohne Anrechnung auf den zusätzlichen Bundeszuschuss. – Neben dem allgemeinen Bundeszuschuss erhält die Rentenversicherung diesen *zusätzlichen Bundeszuschuss* seit April 1998 zur pauschalen Abgeltung nicht beitragsgedeckter Leistungen (vor allem Leistungen nach dem Fremdrentenrecht sowie einigungsbedingte Leistungen); finanziert über die Erhöhung des Mehrwertsteuersatzes von seinerzeit 15% auf 16% war der zusätzliche Bundeszuschuss zunächst durch Gesetz auf 9,6 Mrd. DM (1998) bzw. 15,6 Mrd. DM (1999) festgelegt worden. Ab dem Jahre 2000 verändert er sich jährlich entsprechend der Veränderungsrate des Aufkommens der Steuern vom Umsatz.

Schließlich erhält die Rentenversicherung seit April 1999 für *geringfügig Beschäftigte* von deren Arbeitgebern einen *Pauschalbeitrag in Höhe von 12%* des Entgelts. Geringfügige Dauerbeschäftigungen werden zudem mit einer evtl. versicherungspflichtigen Hauptbeschäftigung zusammen gezählt – was ebenfalls zu Mehreinnahmen bei den Sozialversicherungsträgern führt. 1999 gingen bei den Rentenversicherungsträgern 2,4 Mrd. DM an Beiträgen für geringfügig Beschäftigte ein. Davon entfielen 1,85 Mrd. DM auf Pauschalbeiträge mit einem Beitragssatz von 12% für ausschließlich geringfügig Beschäftigte und 0,55 Mrd. DM auf Aufstockungsbeiträge auf den vollen Beitragssatz von 19,5% (ab April 1999) sowie auf Beiträge aus geringfügig entlohnten Nebenbeschäftigungen. Die vom Bundesarbeitsministerium bei Verabschiedung der Neuregelung erwarteten 1,9 Mrd. DM wurden damit übertroffen.

Karneval 1999

Montag, 15. Februar 1999. Im Großraum Köln/Bonn herrschte der alljährliche Ausnahmezustand. Während das Rheinland dem Höhepunkt der fünften Jahreszeit zusteuerte, meldete die BILD-Zeitung, Riester wolle die Renten von den Nettolöhnen abkoppeln. Ortsansässige Frohnaturen wissen sich in derlei Situationen seit jeher mit rheinischen Lebensweisheiten zu helfen – z.B. ›Et is wie et is, et kütt wie et kütt un et hät noch immer joot jejange‹ –; die oppositionelle Union dagegen brachte gleich das böse Wort von der *»Rentenlüge«* in Umlauf. Ohne sich von der Stelle zu bewegen, ruderte der Arbeitsminister noch am gleichen Tag zurück und erläuterte, die Renten sollten sich auch künftig so entwickeln, dass ihre Kaufkraft (!) erhalten bleibe.
Mittwoch, 17. Februar 1999. In Vilshofen zelebrierte die etwas dröge Bayern SPD ihren politischen Aschermittwoch. Ohnehin genervt vom politischen Trubel um Steuerreform, Scheinselbständige und 630-Mark-Jobs wusste der als Hauptredner geladene Kanzler, dass der größere Teil der Republik die vergangenen 48 Stunden in halbwegs nüchternem Zustand verbracht hatte; also mussten beruhigende Worte her: *»Ich stehe dafür,«* hob Schröder an, *»dass die Renten auch in Zukunft so steigen wie die Nettoeinkommen der Arbeitnehmer.«*

Lange stand er nicht. – Unter Leitung des Kanzlers beschloss das Bundeskabinett am 23. Juni 1999 den Haushaltsentwurf für das Jahr 2000, das *»größte Sparpaket in der Geschichte der Bundesrepublik Deutschland«* (Eichel). Der Entwurf beinhaltete auch das von Regierungs- und Koalitionsseite bis dahin stets bestrittene Vorhaben der Abkoppelung der Renten von der Nettolohnentwicklung. *»Mit der vorübergehenden Begrenzung des Rentenanstiegs«* – so Eichel – *»leisten die Rentnerinnen und Rentner einen solidarischen Beitrag zur Verringerung der Staatsverschuldung und zur Entlastung kommender Generationen.«* – Und der Bundeskanzler nutzte seinen Exklusivtermin bei Sabine Christiansen zu einem ganz besonderen »Verzeih-mir-Auftritt« in Sachen Nettoanpassung der Renten: *»Ich habe das seinerzeit vor dem Hintergrund von Berechnungen gesagt, die ich für zutreffend hielt, und das war ein Irrtum. Das habe ich einzugestehen. Lassen Sie es mich mal so sagen: Wenn ich könnte, würde ich zu jedem gehen und sagen: Es tut mir leid.«* (Bundeskanzler Schröder in der ARD-Sendung »Christiansen« am 3.10.1999)

Schluss mit Lustig

Seither gleicht die rot-grüne Rentenpolitik einer Achterbahnfahrt; ein so genanntes Konzept jagt das andere, die Haltbarkeitsdauer der Rentenpläne nimmt ständig ab. Bestand aber hat die feste Absicht von Regierung und Koalition, die soziale Rentenversicherung massiv zu demontieren. Mit dem *Haushaltssanierungsgesetz* wurden die Renten von der Lohnentwicklung abgekoppelt; Riesters *Altersvorsorgepaket* vom Juni letzten Jahres ist längst schon wieder Makulatur. Das im Anschluss an die Rentenkonsensgespräche mit Union und FDP vorgelegte Koalitionskonzept – die sog. *Schönberger Beschlüsse* – verzichtet auf zentrale sozialdemokratische Forderungen wie etwa die soziale Grundsicherung oder auch den Auf- und Ausbau der eigenständigen sozialen Sicherung von Frauen. *SPD-Parteivorstand* und *-Fraktion* haben in ihrer Mehrheit Anfang Juli den Eckpunkten Riesters für die »Rentenreform 2000« zugestimmt und damit die Weichen der Alterssicherungspolitik in eine Richtung gestellt, die auch die schlimmsten Befürchtungen noch übertrifft. Würden die derzeit vorliegenden Pläne realisiert, so erschiene die Perspektive der sozialen Rentenversicherung bereits heute so unattraktiv, dass berechtigte Zweifel angebracht sind, ob sie das Jahr 2030 überhaupt noch erleben wird – oder vorher bereits politisch in sich zusammen fällt.

Übersicht 2:
Niveau-Fragen

Das Wahlversprechen: »Das Vertrauen in die Sicherheit der Renten ist erschüttert. Dazu hat auch die von CDU, CSU und FDP beschlossene Kürzung des Rentenniveaus von 70 Prozent auf 64 Prozent beigetragen. Die Kürzung des Rentenniveaus würde viele Rentnerinnen und Rentner zu Sozialhilfeempfängern machen. Bei Frauenrenten von durchschnittlich 900 Mark im Monat wird dies besonders deutlich. So darf man mit Menschen, die ein Leben lang hart gearbeitet haben, nicht umgehen. Die SPD-geführte Bundesregierung wird die unsoziale Rentenpolitik unmittelbar nach der Bundestagswahl korrigieren.« (Arbeit, Innovation und Gerechtigkeit, SPD-Programm für die Bundestagswahl 1998)

Der Koalitionsvertrag: »Das Ziel der neuen Bundesregierung ist ein bezahlbares Rentensystem, das den Menschen im Alter einen angemessenen Lebensstandard garantiert. Als erste Maßnahme wird die von der alten Bundesregierung beschlossene Rentenniveaukürzung gestoppt: Die zum 1. Januar 1999 vorgesehene Rentenniveaukürzung und die Einschnitte in die Erwerbsminderungsrenten werden bis zum Inkrafttreten einer neuen Rentenstrukturreform, längstens jedoch bis zum 31.12.2000, ausgesetzt. Dies wird Bestandteil eines Artikelgesetzes, das die neue Bundesregierung unmittelbar nach Amtsantritt beschließen wird.« (Koalitionsvereinbarung vom 20.10.1998)

Die Regierungserklärung: »Wir wollen einen mit Leben erfüllten Generationenvertrag, keinen Vertrag zu Lasten der Arbeit. In diesem Sinne werden wir dem Bundestag Vorschläge zur Reform der Alterssicherung vorlegen, die auf Solidarität, aber auch auf die gesellschaftliche Realität abzielen. Dabei geben wir eine dreifache Garantie ab: Wir werden den heute in Rente lebenden Menschen ihre Rente sichern und ihnen jedenfalls ihre ohnehin oft geringen Einkünfte nicht kürzen. Denjenigen, die heute in die gesetzliche Rentenversicherung einzahlen, sagen wir zu, dass sie damit einen wirksamen und leistungsgerechten Rentenanspruch erwerben. Denjenigen, die jetzt ins Berufsleben eintreten, sichern wir den Umbau der Alterssicherung zu einem transparenten, zukunftsfähigen Versicherungspakt zu. (...) Eine derartige Reform wird ihren Namen verdienen – anders als die Rentenkürzungen und die weiteren sozialen Einschnitte, die wir noch in diesem Jahr aussetzen, um Raum für wirklich zukunftsfähige Lösungen zu schaffen.« (Regierungserklärung des Bundeskanzlers vom 10.11.1998)

Die Gesetzesbegründung: »Die Einschnitte des Rentenreformgesetzes 1999 gefährden die Aufrechterhaltung eines angemessenen Lebensstandards bei Alter und Invalidität und müssen daher überprüft werden. (...) Der mit dem Rentenreformgesetz 1999 eingeführte demographische Faktor in der Rentenformel, der längerfristig zur Senkung des Nettorentenniveaus auf 64 Prozent führen würde, wird für die Jahre 1999 und 2000 ausgesetzt. Damit ist Zeit für eine dauerhafte und sozialpolitisch vertretbare Regelung gewonnen.« (BTDrs. 14/45, Entwurf eines Gesetzes zu Korrekturen in der Sozialversicherung und zur Sicherung der Arbeitnehmerrechte)

Die »Korrektur«-Debatte: »Unsere Reformen sollen Verbesserungen und keine Verschlechterungen bringen. (...) Ganz oben auf unserer Liste steht dabei die Rentenpolitik. Wir nehmen die Rentenniveaukürzung der alten Bundesregierung zurück. Wir streichen den von der alten Regierung eingeführten demographischen Faktor, der in Wirklichkeit nur ein linearer Kürzungsfaktor ist, aus der Rentenformel. Die mit diesem Faktor herbeigeführte lineare Rentenniveaukürzung ist ungerecht und hätte viele Klein- und Kleinstrentner in die Nähe der Sozialhilfe gebracht.« (Walter Riester während der 1. Lesung des »Korrekturgesetzes« am 20.11.1998)
»Er ist auch ein Tag der Freude für die vielen Rentnerinnen und Rentner, die jetzt wissen, dass ihre Renten im nächsten Jahr – wie auch in der Vergangenheit – mindestens im Rahmen der Nettolohnentwicklung angehoben werden.« (Walter Riester während der 2. und 3. Lesung des »Korrekturgesetzes« am 10.12.1998)

Die »Nachbesserung«: »... die Rente sei sicher. Ich habe diesen Spruch nie gesagt. Ich sehe die großen Probleme, vor denen wir stehen. Ich sehe Probleme auf der Einnahmenseite der Rente, ich sehe Probleme auf der Ausgabenseite der Rente, und ich sehe Strukturprobleme. (...) Wir sagen, wir müssen ein Stück von der aufgebauten Lebenslüge Abschied nehmen, dass das Rentenversicherungssystem in einer veränderten Arbeitswelt die Lebensstandardsicherung allein gewährleisten kann. (...) Wir wollen das Sicherungssystem auf etwa 67 Prozent ausrichten (...) Auch die Rentner werden, und zwar nicht auf Grund von Sparzwängen des Haushaltes, sondern um die Zukunft ihres Systems zu sichern, einen Beitrag leisten. Wir sagen, dass die Renten zwei Jahre lang im Rahmen der Preissteigerungsrate des jeweiligen Vorjahres angehoben werden. Das ist der klar ausgewiesene Beitrag der Rentner.« (Walter Riester am 24.6.1999 vor dem Bundestag)

Letzte Meldung: »Ein Rentenniveau von 64 Prozent gab es schon 1974. Damals hat niemand gesagt, dass das zu nah an der Sozialhilfe wäre.« (Walter Riester im Stern Nr. 28 v. 6.7.2000)

Haushaltssanierungsgesetz
Mit dem Haushaltssanierungsgesetz (HSanG) wurde die Anpassung der Renten für die Jahre 2000 und 2001 von der Entwicklung der Nettolöhne abgekoppelt. Die Renten steigen in beiden Jahren nur in dem Umfang, in dem sich der Preisindex für die Lebenshaltung aller privaten Haushalte im Bundesgebiet im jeweiligen Vorjahr – also 1999 und 2000 – verändert. Diese politische »Garantie« eines sog. Inflationsausgleichs kann somit – entgegen dem immer wieder erweckten Eindruck in der Öffentlichkeit – die Kaufkraft der Renten nicht sichern: Während die Preise im laufenden Jahr um rd. 1,5% steigen werden, wurden die Renten zum 1. Juli nur um 0,6% (bundesweite Preissteigerung 1999) erhöht; auch im kommenden Jahr wird die Rentenanpassung voraussichtlich unterhalb der Preissteigerungsrate des Jahres 2001 liegen. Die Abkoppelung von den Nettolöhnen bedeutet also nicht Kaufkraftsicherung, sondern Kaufkraftverlust. – Und: Unterm Strich liegt die Rente seit 1. Juli 2000 genau so niedrig, wie es die Alt-Koalition mit ihrem laut Schröder *unanständigen* demographischen Faktor geplant hatte; Zeuge ist der Bundesarbeitsminister höchstpersönlich: *»Wenn wir die sogenannte Standardrente nehmen, so liegt sie am 1. Juli fast exakt bei dem gleichen Betrag, ob man den Demographieabschlag genommen hätte oder die Rentenerhöhung des letzten Jahres und die in diesem Jahr zusammenzählt. Die Differenz beträgt genau 2,58 DM.«* (Bundesarbeitsminister Walter Riester im Deutschen Bundestag am 22.3.2000) Das Rentenniveau (1999: 71,21%) wird nach den beiden Inflationsanpassungen im Jahre 2002 bei nur noch rd. 68½% liegen.

Inzwischen häufen sich Hinweise auf ein vermeintliches Entgegenkommen Riesters gegenüber Forderungen der oppositionellen Union und der Gewerkschaften; die Regierung könne sich im kommenden Jahr statt der Inflationsanpassung auch eine einmalige Rückkehr zur bisherigen Nettoanpassung vorstellen – so diverse Meldungen im Juni/Juli 2000. Diese Variante könnte noch an Schubkraft gewinnen, je mehr sich die Inflationsrate für das Jahr 2000 nach oben bewegt und je mehr der absehbare Zuwachs der Nettolöhne in diesem Jahr von den ursprünglichen Schätzungen nach unten abweicht. Denn sobald beide Veränderungsraten dicht beieinander liegen, macht ein Streit um Grundsätze keinen Sinn mehr; im Gegenteil: Die Koalition könnte – was das Eingehen auf ihre Kritiker angeht – weiter punkten.

Im Rahmen des Haushalts-Sanierungs-Gesetzes wurde auch beschlossen, den aus dem Aufkommen eines MWSt-Punktes finanzierten *zusätzlichen Bundeszuschuss* zwecks Entlastung des Bundeshaushalts um folgende Beträge zu kürzen:

2000	1,1 Mrd. DM
2001	1,1 Mrd. DM
2002	1,3 Mrd. DM
2003	0,2 Mrd. DM

Zudem wurde ein *Erhöhungsbetrag zum zusätzlichen Bundeszuschuss* neu eingeführt; politisches Ziel war die Stabilisierung bzw. Senkung des Beitragssatzes zur Rentenversicherung (2000 auf 19,3%). Finanziert wird der Erhöhungsbetrag mit den zusätzlichen Einnahmen des Bundes aus dem *Gesetz zur Fortführung der ökologischen Steuerreform* – abzüglich eines Betrages von 2,5 Mrd. DM (2000) sowie eines Betrages von 1,9 Mrd. DM (ab 2001). Als Abschlagszahlung für die kommenden Jahre wurden gesetzlich folgende Beträge festgelegt:

2000	2,6 Mrd. DM
2001	8,6 Mrd. DM
2002	7,10696 Mrd. EUR (13,9 Mrd. DM)
2003	9,86793 Mrd. EUR (19,3 Mrd. DM)

Der Erhöhungsbetrag verändert sich ab dem Jahre 2004 mit der Veränderungsrate der Einnahmen des Bundes aus dem Gesetz zur Fortführung der ökologischen Steuerreform.

Die Bemessungsgrundlage der vom Bund zu tragenden Rentenversicherungsbeiträge – und damit die Rentenanwartschaften – für Wehr- und Zivildienstleistende wurde zu Beginn diesen Jahres von 80% auf 60% der sog. Bezugsgröße gekürzt (monatliche Bezugsgröße 2000: 4.480 DM [West]; 3.640 DM [Ost]). Und für Langzeitarbeitslose (BezieherInnen von Arbeitslosenhilfe) werden die Rentenversicherungsbeiträge seither statt nach 80% des sog. Bemessungsentgelts (vereinfacht: 80% des vormaligen Bruttoarbeitsentgelts) nur noch nach der tatsächlichen Zahlbetragshöhe der Arbeitslosenhilfe bemessen. Während der Rentenversicherung dadurch Beitragseinnahmen verloren gehen,

Übersicht 3:
Monatlicher Rentenverlust gegenüber altem Rentenrecht pro Jahr Alhi-Bezug
alte Bundesländer, Wertebasis: Juli 2000

Bemessungs-entgelt in DM/ Monat	Steuerklasse I bzw. IV	Steuerklasse III ohne Kind	Steuerklasse III mit Kind
		In DM pro Monat	
3.000	14,41	12,20	11,19
4.000	20,44	17,35	16,08
5.000	26,62	23,08	21,60
		In Prozent	
3.000	56	48	44
4.000	60	51	47
5.000	62	54	51

spart der Bundeshaushalt in diesem Jahr über 4 Mrd. DM. Gerechtfertigt wurde der Schritt mit einem der Kohl-Regierung in nichts nachstehenden Zynismus gegenüber den Betroffenen: Der Steigerung des *»Anreizes zur Aufnahme von Arbeit«* (so Eichels Eckpunktepapier).

Gerade diejenigen, die über die vergangenen Jahre völlig zu Recht nicht müde wurden, die Schließung der durch perforierte Erwerbsverläufe – allem voran Arbeitslosigkeit – aufgerissenen Lücken in der Alterssicherung zu fordern, leisteten damit einen grandiosen Beitrag dazu, dass diese Lücken künftig noch größer ausfallen werden als nach der Regelung der Vorgängerregierung. Wer unter Rot-Grün langzeitarbeitslos wird, erhält dafür im Alter zur Strafe eine geringere Rente. Gegenüber der bisherigen Regelung bewegen sich die Verluste an monatlicher Rentenanwartschaft pro Jahr Arbeitslosenhilfebezug auf zwischen über 40% und fast zwei Drittel.

Walter Riester (SPD) hielt den Kritikern seiner Sozialdemontage damals entgegen: All diese Einschnitte würden im Rahmen seiner Rentenstrukturreform aufgefangen durch die geplante Einführung einer Armut im Alter verhindernden bedarfsorientierten

Grundsicherung, mit der er im übrigen eine »alte Gewerkschaftsforderung« endlich umsetze. Also bitte Applaus und keine Miesmacherei. – Der kleine Unterschied besteht nun allerdings darin, dass die gewerkschaftlichen Debatten um die bedarfsorientierte Grundsicherung bei Invalidität und im Alter stets vor dem Hintergrund geführt wurden, dass einer solchen Sofortmaßnahme die systematische, aber erst langfristig wirksame Schließung von Sicherungslücken folgen müsse. Grundsicherung also als Zwischenschritt, der perspektivisch immer entbehrlicher würde. Unter Rot-Grün steht die ganze Sache Kopf, das potentielle Klientel für die seinerzeit versprochene Grundsicherung wird künftig größer statt kleiner. Riesters Logik, wonach Kürzungen bei den beitragsgedeckten Leistungen durch Einführung der bislang fehlenden Sockelung »geheilt« würden, wäre auf Dauer verheerend: Die Grundsicherung mutiert zur Grundrente – statt Lebensstandardsicherung für viele, gesetzliche Altersversorgung auf Sozialhilfeniveau für alle. Vor diesem Hintergrund rot-grüner Sozialabbaulogik ließe sich trefflich darüber streiten, ob es gegenwärtig für den Erhalt des sozialen Sicherungssystems nicht sogar besser ist, dass die soziale Grundsicherung im Alter und bei Erwerbsunfähigkeit nicht kommen wird.

Das Altersvorsorgepaket des BMA

Zeitgleich mit Hans Eichels *Zukunftsprogramm 2000*, das weitgehend im Haushalts-Sanierungs-Gesetz aufging, legte Walter Riester im Juni 1999 sein sog. *Altersvorsorgepaket* vor (vgl. zu den Einzelheiten Übersicht 4 auf der folgenden Seite). Die Abkoppelung der Renten von der Nettolohnentwicklung war fester Bestandteil des Pakets. Hauptanliegen der Planungen war – und ist bis heute geblieben – die Dämpfung des Beitragssatzanstiegs in den kommenden Jahren; schon im Sommer vergangenen Jahres galt die Orientierung: Bis zum Jahre 2014 soll der Beitragssatz unter 19% bleiben und bis zum Jahre 2020 den Satz von 20% nicht überschreiten. Zur künftigen Entwicklung des Rentenniveaus und zur Beitragssatzentwicklung ab 2020 wurde sich im Altersvorsorgepaket ausgeschwiegen. Ausdrücklich vorgesehen war seinerzeit noch die Einführung einer bedarfsorientierten sozialen Grundsicherung ab dem Jahre 2003. Im Rahmen der Neuordnung der Hinterbliebenenrenten sah Riesters Kon-

Übersicht 4:
Das »Altersvorsorgepaket« des BMA vom Juni 1999

»Das neue Altersvorsorgepaket setzt nicht die Reparaturpolitik der früheren Regierung fort, sondern modernisiert die Alterssicherung, wahrt die soziale Gerechtigkeit, berücksichtigt die Interessen künftiger Generationen, eröffnet persönliche Wahlmöglichkeiten, schafft neues Vertrauen und unterstützt im Kampf gegen die Arbeitslosigkeit.«

Beitragssatz: Durch die Einnahmen aus den weiteren Stufen der Ökosteuerreform wird der Beitragssatz zur Rentenversicherung gesenkt. Bis zum Jahre 2014 (2020) soll der Beitragssatz dadurch unter 19% (20%) bleiben können.

Rentenanpassung: In den Jahren 2000 und 2001 werden die Renten entsprechend dem Anstieg der Lebenshaltungskosten im Vorjahr angepasst. Die niedrigere Anpassung senkt zusätzlich den Beitragssatz und damit indirekt auch den Bundeszuschuss und die sonstigen Zahlungen des Bundes an die Rentenversicherung. *»Ab dem Jahre 2002 werden die Renten wieder nach der Entwicklung der Nettolöhne angepasst.«*

Privatvorsorge: Ab dem Jahre 2003 wird gesetzlich eine (obligatorische) zusätzliche kapitalgedeckte Altersvorsorge für alle Pflichtversicherten mit individuellen Eigentumsansprüchen und freier Wahl der Anlageform eingeführt. Aufwendungen im Rahmen bereits bestehender und künftig neu vereinbarter Formen der betrieblichen, tariflichen und privaten Altersvorsorge sollen auf den Kapitalvorsorgebeitrag angerechnet werden. *»Der Beitrag soll im Jahre 2003 in Höhe von 0,5 Prozent des Bruttolohns liegen und dann jährlich um 0,5 auf 2,5 Prozent bis 2007 ansteigen. Der zusätzliche Kapitalvorsorgebeitrag wird durch angemessene steuerliche Freistellung gefördert.«*

Grundsicherung: Zur Vermeidung von Altersarmut wird eine bedarfsorientierte – aus Steuermitteln finanzierte – soziale Grundsicherung eingeführt. Anspruch auf die soziale Grundsicherung haben alle Personen ab 65 Jahren sowie aus medizinischen Gründen dauerhaft Erwerbsunfähige unabhängig vom Bezug einer Rente. Die Höhe der Grundsicherung entspricht (in pauschalierter Form) der Hilfe zum Lebensunterhalt des Bundessozialhilfegesetzes; der Rückgriff auf unterhaltspflichtige Kinder wird ausgeschlossen.

Hinterbliebenensicherung: Ehegatten, deren Ehe nach Inkrafttreten der Reform geschlossen wird, können zwischen folgenden drei Möglichkeiten wählen:

- Partnerschaftsmodell: Während der Ehezeit erworbene Rentenanwartschaften werden schon zu Lebzeiten beider Ehegatten ab dem Zeitpunkt des zweiten Rentenfalls gesplittet; im Todesfall erhält der Überlebende eine Rente aus 100% der außerhalb der Ehe erworbenen eigenen Anwartschaften und 75% der gemeinsam in der Ehe erworbenen Anwartschaften. – Nichteheliche Lebensgemeinschaften können auf Antrag mit Wirkung für die Zukunft das Partnerschaftsmodell vertraglich vereinbaren.

- Teilhabemodell: Zu Lebzeiten behält jeder Ehepartner seine Rente aus eigenen Anwartschaften; im Todesfall erhält der Überlebende eine Rente aus 70% aller vor und in der Ehe von beiden Ehepartnern erworbenen Anwartschaften.
- Unterhaltsersatzmodell: Jeder Ehegatte erhält im Hinterbliebenenfall die volle eigene Versichertenrente sowie eine 60%ige Hinterbliebenenrente aus der Anwartschaft des Verstorbenen. Auf die Hinterbliebenenrente wird neben der Versichertenrente bezogenes Einkommen oberhalb eines Freibetrages von 630 DM voll angerechnet.

Für die heutigen Hinterbliebenen sowie für Ehepaare, die vor Inkrafttreten der Reform geheiratet haben, bleibt es beim geltenden Recht der Hinterbliebenenversorgung.

Kindererziehung: Für Versicherte, die Kinder unter 10 Jahren erziehen, werden die Entgelte nach den Grundsätzen der Berechnung für die Rente nach Mindestentgeltpunkten aufgewertet.

Berufs- und Erwerbsunfähigkeitsrenten: Die arbeitsmarktbedingten Erwerbsminderungsrenten werden beibehalten; zur pauschalen Abgeltung der dadurch bewirkten Mehraufwendungen der Rentenversicherung wird ein Teil des Aufkommens aus der Ökosteuerreform verwendet. Zur Abmilderung der versicherungstechnischen Abschläge bei Erwerbsminderungsrenten wird die sog. Zurechnungszeit bis zum 60. Lebensjahr verlängert. – Versicherte, die bei Inkrafttreten der Reform bereits das 40. Lebensjahr vollendet haben, können weiterhin eine Rente wegen Berufsunfähigkeit in Anspruch nehmen.

Andere Alterssicherungssysteme: Die Maßnahmen werden mit der gleichen Zielsetzung auf die anderen Alterssicherungssysteme übertragen.

Das Altersvorsorgepaket des BMA ist eingegangen in den *Eckwertebeschluss des Bundeskabinetts vom 23. Juni 1999* (Ausnahme: Privatvorsorge, die dem Beschluss zufolge freiwillig statt obligatorisch angelegt werden soll).

Quelle: Anlage zum Schreiben des BMA an die Mitglieder der Koalitionsfraktionen v. 18. Juni 1999; eigene Zusammenstellung

zept zudem ein sog. Drei-Optionen-Modell vor; neben dem heutigen und für die Zukunft zu modifizierenden Unterhaltsersatzmodell sollten Versicherte künftig auch das sog. Partnerschafts- oder das sog. Teilhabemodell wählen können. Für Mütter schließlich war die Höherbewertung der während der sog. Kinderberücksichtigungszeiten erworbenen Entgeltpunkte aus versicherungspflichtiger Beschäftigung vorgesehen. Im Bereich der Erwerbsminderungsrenten sahen die Pläne vor, die sog. konkrete Betrachtungsweise (Berücksichtigung der Arbeitsmarktlage) sowie die Berufsunfähigkeitsrente für 40-Jährige und Ältere beizubehalten und die sog. Zurechnungszeiten auf die gesamte Zeit zwischen vollendetem 55. und 60. Lebensjahr auszuweiten.

Abgesehen von dem Regelungsbereich »Privatvorsorge« bildet Riesters Altersvorsorgepaket die Grundlage für den *Eckwertebeschluss des Bundeskabinetts vom 23. Juni 1999*. Für die *Renten-Konsensgespräche* mit der bürgerlichen Opposition, deren erste Arbeitsgruppensitzung am 20. Januar 2000 stattfand, verständigten sich SPD und B'90/DIE GRÜNEN auf weitere leichte Modifikationen (vgl. Übersicht 5).

Die Umsetzung des sicherlich »genialsten« Gedankens in Riesters Altersvorsorgepaket scheiterte an der beschränkten Auffassungsgabe führender Koalitionäre sowie des Kanzlers: Die vorgesehene gesetzliche Verpflichtung zu privater Vorsorge – von der BILD-Zeitung schlicht mit *Zwangsrente* tituliert. Ab dem Jahre 2003 sollten die Arbeitnehmer einen Pflichtanteil von zunächst 0,5% ihres Bruttoeinkommens für eine kapitalgedeckte private Altersvorsorge abzweigen; ab dem Jahre 2007 und für die Zukunft wären 2,5% aufzuwenden gewesen. Bereits bestehende Privatvorsorge hätte Riesters Überlegung zufolge auf die gesetzliche Pflichtquote von 2,5% angerechnet werden können – das träfe z.B. zu auf Lebensversicherungen, auf zur Altersvorsorge umgewandelte Entgeltbestandteile oder auch auf vom Arbeitnehmer (mit-)finanzierte Betriebsrenten wie etwa den Arbeitnehmeranteil zur Zusatzversorgung im öffentlichen Dienst. Bert Rürup, wendiger Rentenberater des alten wie des neuen Arbeitsministers, schätzt, dass rd. 70% der Arbeitnehmer bereits heute mindestens eine der vielen privaten Vorsorgemöglichkeiten nutzen. Die tatsächliche *Zusatzbelastung* durch eine Pflicht-Prämie zur Vorsorge hielte sich demnach unter der Prämisse der Anre-

Übersicht 5:
Eckpunkte der rot-grünen Koalition für die Rentenkonsensgespräche mit Union und FDP vom Januar 2000

Die Fraktionen von SPD und Bündnis 90/Die Grünen konnten sich im Vorfeld der am 20. Januar 2000 begonnenen Arbeitsgruppensitzungen mit CDU/CSU und FDP zur Reform des Rentensystems nicht in allen Fragen auf einheitliche bzw. eindeutige Positionen einigen; das Eckpunkte-Papier sah folgende Regelungen vor:

Beitragssatz: Der Beitragssatz zur Rentenversicherung soll bis zum Jahre 2020 unter 20% gehalten werden.

Rentenanpassung: *»Ab 2002 wird wieder zu den Grundsätzen der Nettolohnbezogenheit zurückgekehrt.«* – Während die SPD-Fraktion wieder die Netto-Anpassungsformel in Kraft setzen wollte, hielt die Fraktion von Bündnis 90/Die Grünen an ihrer Forderung nach stärkeren Renteneinschnitten mittels Einführung eines zusätzlichen demographischen bzw. Generationen-Faktors fest.

Privatvorsorge: Eingeführt werden sollte eine zusätzliche kapitalgedeckte Altersvorsorge – allerdings auf freiwilliger Basis. Abhängig Beschäftigte sowie Bezieher von Lohnersatzleistungen (z.B. Arbeitslosengeld), die nicht mehr als 60.000 DM jährlich verdienen, sollen beim Aufbau privater Vorsorge über staatliche Zuschüsse gefördert werden. Voraussetzung für den Erhalt eines Zuschusses ist, dass mindestens 2,5% des Bruttoentgelts für private Vorsorge verwendet werden; ist diese Bedingung erfüllt, zahlt der Staat die Hälfte der Prämie – maximal 250 DM jährlich. Als förderfähige Anlageformen sollen in Betracht kommen: Anteilsscheine an Investmentfonds, Altersvorsorge-Sondervermögen (AS-Fonds), Renten- und Immobilienfonds, Lebensversicherungen, (eigenfinanzierte) Betriebsrenten, Banksparpläne mit Altersbindung, Bausparverträge sowie die Tilgung von Hypotheken auf Wohneigentum.

Vermögensbildung: Die bisherige Fördergrenze von 35.000 DM/70.000 DM (Alleinstehende/Verheiratete) soll auf einheitlich 60.000 DM pro Person festgesetzt werden; außerdem sollen Bausparer einen Zuschuss von 10% ihrer Beiträge (maximal 100 DM pro Jahr) erhalten. Die Zulage darf zusammen mit dem Privatvorsorge-Zuschuss 250 DM pro Jahr nicht übersteigen.

Grundsicherung: Die Grundsicherung soll entsprechend dem BMA-Altersvorsorgepaket ausgestaltet werden.

Hinterbliebenensicherung: Ehegatten sollen (anders als noch im Altersvorsorgepaket des BMA vorgesehen) nur zwischen dem Partnerschaftsmodell und dem Unterhaltsersatzmodell wählen können. Beim Unterhaltsersatzmodell soll zudem der heute dynamisierte Freibetrag eingefroren und bei den anrechenbaren Einkommensarten sollen auch Vermögenseinkünfte und z.B. Lebensversicherungen berücksichtigt werden. Das Wahlrecht zwischen beiden Modellen kann bis zu dem Zeitpunkt ausgeübt werden, zu dem der zweite Partner in Rente geht.

Erwerbsminderungsrenten: Wie schon im Rahmen des RRG 1999 unter der alten Bundesregierung geplant, soll es eine zweistufige Erwerbsminderungsrente geben – allerdings unter Beibehaltung der sog. konkreten Betrachtungsweise (Lage am Arbeitsmarkt). Die Kosten für die arbeitsmarktbedingten Erwerbsminderungsrenten sollen zur Hälfte von der Bundesanstalt für Arbeit getragen werden.

Kindererziehung: Für Versicherte, die Kinder unter 10 Jahren erziehen, soll das Arbeitsentgelt (für Zeiten ab Inkrafttreten der Reform) für die Rentenberechnung um 50% – auf maximal 100% des Durchschnittsentgelts – angehoben werden.

Unstete Erwerbsbiographien: Anrechnungszeiten z.B. wegen Arbeitsunfähigkeit, Schwangerschaft oder Arbeitslosigkeit könnten ohne das Erfordernis der Unterbrechung einer versicherungspflichtigen Beschäftigung auch dann anerkannt werden, wenn sie vor einer Altersgrenze von z.B. 25 Jahren liegen. – Für vor Inkrafttreten der Reform liegende Zeiten könnte das Entgelt, das in Zeiten der Kindererziehung bis zum 10. Lebensjahr des Kindes erzielt wurde und unterhalb von z.B. 75% des Durchschnittsentgelts lag, um 50% auf maximal 100% des Durchschnittsentgelts angehoben werden.

Quelle: Arbeitspapier der Koalitionsarbeitsgruppe Rentenstrukturreform v. Januar 2000; eigene Zusammenstellung

chenbarkeit auf das neue »Obligatorium« in überschaubaren Grenzen – zusätzlichen Einkommensverlust hätten vor allem die Lohn- und Gehaltsempfänger im unteren Bereich und die jüngeren Arbeitnehmer zu verkraften gehabt.

Zunächst schien es so, als solle die obligatorische Privatvorsorge vor allem dazu dienen, die Absenkung des Niveaus bei der gesetzlichen Rente zu kompensieren. Riesters Eckpunkte, die den Koalitionsfraktionen zur Beschlussfassung vorlagen, hoben ausschließlich auf diesen Punkt ab: *»Die Renten der gesetzlichen Rentenversicherung und die aufgrund der zusätzlichen Altersvorsorge erworbenen kapitalgedeckten Leistungen verfolgen das Ziel einer langfristigen Lebensstandardsicherung für alle Arbeit-*

nehmerinnen und Arbeitnehmer. Um die demographischen Probleme der Alterssicherung besser zu bewältigen, werden die Vorteile des Umlageverfahrens und der kapitalgedeckten Finanzierung kombiniert und die Risiken beider Finanzierungsmethoden vermindert. Zu den Renten aus der Rentenversicherung treten Renten aus der ergänzenden kapitalgedeckten Altersvorsorge.«

Der verpflichtend gedachten Riester-Prämie ging es allerdings keineswegs vorrangig um die Schließung von Versorgungslücken künftiger Rentnergenerationen; es ging ihr nicht einmal um *zusätzliches* Sparen, wie die vorgesehene Anrechnungsmöglichkeit bereits bestehender Vorsorgeformen belegte. Riester brauchte die gesetzliche Vorsorge*pflicht*, um den Rentenanstieg weiter zu kappen. Nur so konnte er – ohne so richtig zu lügen – weiter behaupten, dass sein Altersvorsorgepaket das Rentenniveau langfristig höher halte, als es von Blüm geplant gewesen sei.

Die schlichte Umbuchung bislang freiwilliger Privatvorsorge in eine Pflichtabgabe hätte nämlich den unschätzbaren Vorteil gehabt, dass sie den künftigen Anstieg der Nettolöhne vermindert – rechnerisch vergleichbar der Erhöhung des Arbeitnehmer-Anteils zur Sozialversicherung um 2,5%-Punkte – und damit im Rahmen der bisherigen Nettoanpassungsformel, die nach damaligem Stand ab dem Jahre 2002 wieder Anwendung finden sollte, gleichzeitig den Rentenzuwachs gedämpft hätte. Während das Rentenniveau bei der ganzen Operation auf wundersame Weise stabil bliebe (*Zähler* – Nettostandardrente – und *Nenner* – durchschnittliches Nettoentgelt – der Rentenniveauberechnung bewegen sich im Gleichschritt), würde der Absolutbetrag der Renten deutlich niedriger ausfallen.

In seinen Wirkungen wäre dieser Buchungstrick den seinerzeitigen Berechnungen zufolge der zweijährigen Abkoppelung der Renten von den Nettolöhnen gleich gekommen. Zusammen mit der Inflationsanpassung 2000/2001 wäre es auf diese Weise gelungen, die Bezüge der Rentner – in Mark und Pfennig gerechnet – dauerhaft und deutlich unterhalb jenes Betrages zu drücken, den Blüm künftig den Alten zumuten wollte. Und vor allem hätte das alles erreicht werden können, ohne am Ende doch noch auf eine modifizierte Demographie-Komponente zurückgreifen zu müssen; denn jeder aufrechte Sozialdemokrat hatte sich während der vorausgegangenen zwölf Monate wiederholt und öffentlich bei Erwähnung des Blüm-Faktors angewidert abgewendet.

Diesen Taschenspielertrick – mit Privatvorsorgebeitrag künftige Rentenhöhe senken, ohne das rechnerisch ausgewiesene Rentenniveau zu verändern – trug Riester im übrigen schon seit seiner Ernennung zum Minister ständig mit sich herum. Während der ersten Sitzung des *Bündnisses für Arbeit, Ausbildung und Wettbewerbsfähigkeit* am 7. Dezember 1998 legte er seinen – inzwischen längst vergessenen – Vorschlag für ein *Tariffondsmodell zur Aufstockung von Rentenabschlägen und zur zusätzlichen Alterssicherung* vor. Über einen Zeitraum von fünf Jahren sollte diesem Modell zufolge jährlich 1%-Punkt (am Ende also insgesamt 5%) der Lohn- und Gehaltserhöhungen in Tariffonds fließen, um damit in den nächsten 10 bis 15 Jahren den vorzeitigen Ausstieg Älterer aus dem Erwerbsleben und danach den Aufbau einer kapitalgedeckten Alterssicherung zu finanzieren. – Auch dieses Ursprungsmodell einer alleine von Arbeitnehmern zu finanzierenden Privatvorsorge hätte den Rentenanstieg wegen der dämpfenden Wirkung des Tariffondsanteils auf die Lohnentwicklung in Blümschem Umfang gebremst – bei allerdings vermeintlich stabilem Nettorentenniveau.

Das Rentenkonzept der Koalitionsarbeitsgruppe vom Mai 2000

Nachdem sowohl Riesters Tariffonds-Idee als auch der verpflichtend gedachte Privatvorsorgebeitrag politisch gestorben waren, mussten andere Wege zum gleichen Ziel gefunden werden. Im Anschluss an eine Reihe von Arbeitsgruppensitzungen mit Union und FDP (Rentenkonsensgespräche) zog sich die Koalitionsarbeitsgruppe für den 29. und 30. Mai 2000 auf Schloss Schönberg nahe dem hessischen Bensheim zurück. Dort segneten die Vertreter von SPD und B '90/DIE GRÜNEN ein völlig neues Rentenkonzept des Bundesarbeitsministers ab (vgl. Übersicht 6 auf der übernächsten Seite).

Als Obergrenze für die Beitragssatzentwicklung sahen die Planungen 20% bis 2020 und 22% bis zum Jahre 2030 vor. Dies lässt sich natürlich nicht ohne massive Leistungskürzungen bewerkstelligen; folglich sollte das Nettorentenniveau von rd. 70% im Jahre 2000 auf rd. 62% im Jahre 2030 und weiter auf rd. 54% im Jahre 2050 gesenkt werden (vgl. Tabelle 2 im Anhang). Um dieses Ziel – soziale Rente auf Sozialhilfeniveau – zu erreichen, beinhaltet das Konzept drei Instrumente: einen privaten *Kapitalvorsorgebeitrag* (KVB) von am Ende 4,0%, einen sog. *Ausgleichsfaktor* sowie eine *neue Rentenanpassungsformel*.

Alle Arbeitnehmer sollen ab dem Jahre 2001 einen *Kapitalvorsorgebeitrag* von zunächst 0,5% ihres Bruttoeinkommens – ansteigend auf 4,0% im Jahre 2008 – für eine private Altersversorgung aufbringen. Für diese Privatprämie wurde vom BMA eine jährliche Rendite von irrealen 5,5% unterstellt, so dass dem Durchschnittsverdiener, der im Jahre 2030 in Rente wechselt und seit 2001 ununterbrochen in entsprechendem Umfang privat vorgesorgt hat, eine monatliche Privatrente in Höhe von 845,77 DM »versprochen« wurde. Im Gegenzug war vorgesehen, die gesetzliche Standardrente (2030: 4.719,15 DM brutto) um die Hälfte der so errechneten fiktiven Privatrente zu kürzen – zynisch als *Ausgleichsfaktor* bezeichnet. Diese Kürzung sollte alle künftigen Rentenneuzugänge treffen – egal, ob sie tatsächlich vorsorgen konnten oder nicht, und egal, ob sie die unterstellte Rendite erzielen konnten oder nicht. Die *neue Rentenanpassungsformel* schließlich soll dafür sorgen, dass die Renten nicht mehr entsprechend der Nettolohnentwicklung angepasst werden. Maßgebend soll vielmehr alleine die Bruttolohnentwicklung sein – abzüglich der künftigen Veränderung der Rentenversicherungsbeiträge (und zwar sowohl des Arbeitnehmer- wie auch des Arbeitgeberanteils) und abzüglich des steigenden privaten Kapitalvorsorgebeitrags. Änderungen im Lohn- und Einkommensteuerbereich (wie etwa die Steuerreform 2001/2003/2005) oder die längerfristig absehbare Senkung des Beitrags zur Arbeitslosenversicherung von heute 6,5% auf rd. 2,0% (ab etwa 2025) – beide Maßnahmen bzw. Entwicklungen erhöhen die Nettoeinkommen der Aktiven – werden dann nicht mehr an die Rentner weitergegeben. Anders als noch im *Tariffonds-Modell* und im *Altersvorsorgepaket* vorgesehen, soll der KVB jetzt nicht mehr indirekt – also als »Dämpfungsfaktor« – über die Nettolohnentwicklung anpassungsmindernd auf die Renten wirken, sondern direkt in die Rentenanpassungsformel eingebaut werden (vgl. die Grafik auf der Seite 34). – Und schließlich wird der formal ja freiwillige KVB zu einem optischen Täuschungsmanöver genutzt: Obwohl als freiwilliger Vorsorgebeitrag »verkauft« soll er

Übersicht 6:
Konzept der Koalitionsarbeitsgruppe vom 30. Mai 2000
Schönberger Beschlüsse

A. Ziele der Rentenreform
»Fairer Ausgleich zwischen den Generationen – Langfristige Stabilisierung der Alterssicherung – Modernisierung des Systems der Alterssicherung durch Aufbau einer kapitalgedeckten Altersvorsorge – Verhindern verschämter Armut im Alter – Reform des Hinterbliebenenrentenrechts, Ausbau der eigenständigen Alterssicherung von Frauen und Verbesserung kindbezogener Leistungen.«

B. Maßnahmen der Rentenreform

Brücke zwischen den Generationen: – Erster Pfeiler: Aufbau einer kapitalgedeckten Altersvorsorge. *»Der Aufbau der kapitalgedeckten Altersvorsorge soll schrittweise ab 2001 mit Beträgen in Höhe von 0,5% bis auf 4% des Bruttolohns im Jahre 2008 erfolgen. Durch die Kombination von umlagefinanzierter Rentenversicherung und einer solchen kapitalgedeckten Altersvorsorge werden künftige Rentnerinnen und Rentner eine lebensstandardsichernde Alterssicherung erwerben.«* Als jährliche Rendite für den privaten Kapitalvorsorgebeitrag unterstellt die Koalition 5,5% (alternativ 4,0%). – Zweiter Pfeiler: Ausgleichsfaktor in der neuen Rentenformel, der die soziale Rente um die Hälfte der fiktiv errechneten Privatrente kürzt. *»Dieser Ausgleichsfaktor berücksichtigt bei der erstmaligen Rentenfestsetzung den erforderlichen und für die künftigen Rentner auch möglichen Aufbau einer zusätzlichen kapitalgedeckten Altersvorsorge. Die Höhe des Ausgleichsfaktors ist abhängig von der Zahl der Jahre, in denen bis zum Rentenbeginn eine kapitalgedeckte Altersvorsorge aufgebaut werden kann. (...) Der Ausgleichsfaktor ist darüber hinaus so zu bemessen, dass ein Anreiz zu privater Eigenvorsorge verbleibt. Deshalb soll nur die Hälfte der zu erreichenden zusätzlichen Vorsorge in den Ausgleichsfaktor einfließen.«*

Staatliche Förderung der privaten Vorsorge: – Für Niedrigverdiener (zu versteuerndes Einkommen: 35.000 bzw. 70.000 DM – ledig/verheiratet) war zunächst eine staatliche Zulage in Höhe von 50% der Vorsorgeprämie – maximal jedoch 400 DM jährlich vorgesehen; die Höchstbeträge wurden vom Kanzler beim Rentengipfel mit der Opposition Mitte Juni auf 350 DM und 1.000 DM jährlich (je nach Familienstand und Kinderzahl) erhöht. Höhere Einkommen sollen zudem Steuerfreibeträge (maximal 4% der Beitragsbemessungsgrenze der Rentenversicherung, z.Zt. ca. 4.100 DM/8.200 DM) erhalten. *»Bei der Förderung der Altersvorsorge werden* *nur Anlageformen zugelassen, aus denen im Alter eine lebenslange Rente gezahlt wird, und die als Mindestleistung wenigstens die eingezahlten Beiträge garantieren.«*

Rentenanpassung: Ab 2002 soll eine neue Rentenanpassungsformel in Kraft treten. Die Renten folgen dann nicht mehr den Nettolöhnen. Die neue Formel gibt Änderungen bei der Lohn- und Einkommensteuer oder bei den Sozialversicherungsbeiträgen (Ausnahme: Rentenversicherungsbeitrag) nicht mehr an die Rentner weiter. Dafür mindert der ab dem Jahre 2001 eingeführte (fiktive) Privatvorsorgebeitrag die Rentenanpassung bis zum Jahre 2009 (er wird für die Rentenanpassung rechnerisch wie eine Erhöhung des Arbeitnehmeranteils zur Sozialversicherung behandelt).

»Grundsicherung«: Statt der sozialen Grundsicherung soll die Rentenversicherung über 65-Jährige und Erwerbsunfähige über mögliche Sozialhilfeansprüche informieren, Anträge entgegennehmen und an das Sozialamt weiter leiten. Für diesen Personenkreis soll auf den Rückgriff gegenüber unterhaltsverpflichteten Kindern und Eltern verzichtet werden.
Hinterbliebenensicherung: Für neu geschlossene Ehen sowie für bestehende Ehen (wenn beide Partner jünger als 40 Jahre sind) sinkt die Hinterbliebenenrente von heute 60% auf 55% der Rente des Verstorbenen – für jedes Kind soll es einen Zuschlag geben. Der Freibetrag für die Einkommensanrechnung (Juli 2000, alte Länder: 1.282,51 DM) wird eingefroren. Bei der Einkommensanrechnung werden sämtliche Einkommensarten (heute: nur Erwerbseinkommen bzw. Erwerbsersatzeinkommen) berücksichtigt – betroffen wären also auch Einkommen aus privater Vorsorge und sonstige Vermögenseinkünfte. – Laufende Hinterbliebenenfälle sowie Ehepaare, bei denen der ältere Partner am Stichtag mindestens 40 Jahre alt ist, erhalten Bestandsschutz (altes Recht gilt weiter).

Kindererziehung: Niedrige Entgelte während der sog. Kinderberücksichtigungszeit (von der Geburt bis zum 10. Lebensjahr des Kindes) sollen um 50% auf maximal 100% des Durchschnittsentgelts aufgewertet werden. Voraussetzung: Erfüllung der Wartezeit von 35 Jahren.

Erwerbsminderungsrenten, Schwerbehinderte: Die sog. konkrete Betrachtungsweise (Berücksichtigung der Arbeitsmarktlage) soll für die Entscheidung über Erwerbsminderungsrenten beibehalten werden. Die sog. Zurechnungszeit wird bis zum 60. Lebensjahr verlängert. Bei Inkrafttreten der »Reform« können 40-Jährige und Ältere auch künftig eine BU-Rente erhalten. Ansonsten bleibt alles so, wie es schon die Altkoalition im RRG 99 beschlossen hatte: Anhebung der Altersgrenze für Schwerbehinderte von 60 Jahren auf 63 Jahre, wobei für Schwerbehinderte, die bei Verabschiedung der »Reform« bereits 50 und schwerbehindert sind, weiterhin die Altersgrenze von 60 Jahren maßgebend sein soll; Rentenabschläge von 10,8% bei Erwerbsminderung vor vollendetem 60. Lebensjahr; Kürzung einer evtl. Hinterbliebenenrente um 10,8% bei Ableben des Versicherten vor vollendetem 60. Lebensjahr.

Jüngere Versicherte: Lücken (z.B. Arbeitslosigkeit, Krankheit) vor Aufnahme einer erstmaligen versicherungspflichtigen Beschäftigung sollen geschlossen werden.

Andere Alterssicherungssysteme: Die genannten Grundsätze sollen auf andere bundesgesetzlich geregelte Alterssicherungssysteme – insbesondere auf die Beamtenversorgung – übertragen werden.

C. Wirkungen der Reform

Beitragssatz: Der Beitragssatz zur Rentenversicherung soll bis zum Jahre 2020 unter 20% und bis zum Jahre 2030 in der Größenordnung von 22% gehalten werden. – *»Um zu verdeutlichen, dass ein Beitragssatz von 22 Prozent im Jahre 2030 die Grenze der für die Beitragszahler zumutbaren Belastung darstellt, soll vorgesehen werden, dass die Bundesregierung verpflichtet wird, dem Gesetzgeber geeignete Gegenmaßnahmen vorzuschlagen, wenn – wider Erwarten – absehbar ist, dass der Beitragssatz im 15-jährigen Vorausberechnungszeitraum die zuvor genannten Marken voraussichtlich überschreitet.«*

Gesamtversorgungsniveau: Das Gesamtversorgungsniveau aus gesetzlicher Rente und privater Zusatzversorgung soll sich im Jahre 2030 (2050) für den sog. Standardrentner auf zusammen 74,38% (82,48%) des durchschnittlichen Nettoarbeitsentgelts belaufen. – *»Das künftige Gesamtversorgungsniveau der Alterssicherung wird für künftige Rentnerinnen und Rentner langfristig deutlich über das heutige Niveau ansteigen.«*

Quelle: SPD und Bündnis 90/DIE GRÜNEN (Koalitionsarbeitsgruppe), Deutschland erneuern – Rentenreform 2000. Gesetzliche Rentenversicherung und kapitalgedeckte Zusatzvorsorge: Der Weg in eine sichere Zukunft v. 30.5.2000; eigene Zusammenstellung

beim rechnerischen Ausweis des Nettorentenniveaus pauschal vom durchschnittlichen Nettoeinkommen der Aktiven abgezogen werden mit der Folge, dass das Rentenniveau am Ende um rd. 3,5%-Punkte höher ausgewiesen wird, als es bei »ehrlicher« Betrachtung auszuweisen wäre.

Hans-Jürgen Krupp, Präsident der Landeszentralbank Hamburg, Mecklenburg-Vorpommern und Schleswig-Holstein, fasste in einem Interview in der Pfingstausgabe der *Frankfurter Rundschau* einige Kritikpunkte an den Schönberger Beschlüssen zusammen:

Wie wirkt sich der Aufbau eines Kapitalstocks in diesem Ausmaß auf die Nachfrageentwicklung hierzulande aus? Das hängt davon ab, was mit den angesparten Beträgen passiert. Wandern sie auf die Finanzmärkte und erhöhen dort nur die Aktienkurse, ohne dass es zu realen Investionen kommt – und das haben wir in den letzten Jahren ja zur Genüge erlebt –, sind Wachstumseinbußen die Folge. Das Deutsche Institut für Wirtschaftsforschung hat vergangenes Jahr für ein ähnliches, aber nicht ganz vergleichbares Konzept für die Übergangszeit Wachstumseinbußen zwischen 0,3 und 0,5 Prozentpunkten pro Jahr errechnet. Dies beeinträchtigt auch spätere Rentenhöhen.

Die Bundesregierung sagt, mit der Deckelung der Beiträge zur gesetzlichen Rentenversicherung vermeide sie eine stärkere Belastung der Arbeitseinkommen und das wirke sich positiv auf den Arbeitsmarkt aus. Aber am Ende bleibt die Belastung für Arbeitnehmer doch die gleiche. 26% Beiträge, ob mit oder ohne private Absicherung, bleiben doch 26%. Es ist sogar noch schlimmer: Die Abgabenbelastung für die Arbeitnehmer ist bei dem hier vorgeschlagenen Konzept etwa um zwei Beitragspunkte höher, als wenn man beim Umlageverfahren bliebe. Auch ein nur teilweiser Übergang zum Kapitaldeckungsverfahren führt immer zu einer Doppelbelastung der jungen Generation. Vor dem Hintergrund, dass die hohe Belastung begrenzt werden muss, ist das Konzept schlicht unverständlich. Es macht doch keinen Unterschied, ob die Abgaben rechtlich oder faktisch erzwungen sind.

Aber die kapitalgedeckte Zusatzvorsorge soll doch freiwillig sein? Das macht die Sache nicht besser. Denn ob die Leute sich nun »freiwillig« versichern oder nicht, das Niveau der gesetzlichen Rente wird sinken. Und zwar viel stärker als es die letzte Bundesregierung vorgesehen hatte. Der sogenannte Ausgleichsfaktor hat mit sozialem Ausgleich nichts zu tun. Im Prinzip nimmt er den Rentnern bei der gesetzlichen Rente, was sie theoretisch hätten privat ansparen können. Diese drastische Senkung des Rentenniveaus wird bei kleinen und mittleren Einkommen, insbesondere aber bei Frauen, zu erheblichen Versorgungslücken führen, wenn sie von der Freiheit Gebrauch machen, sich nicht zusätzlich zu versichern. Die vorgesehene Regelung der Hinterbliebenenversorgung reduziert zudem die Ansprüche, ohne für einen Ersatz zu sorgen.

Die Bundesregierung legt bei ihren Berechnungen eine durchschnittliche jährliche Verzinsung in Höhe von 5,5% pro Jahr zugrunde. Ist eine solche Annahme auf Dauer realistisch? Nein. Diese Annahme ist in hohem Maße riskant. Immerhin haben die Lebensversicherer ihre zugesagte Minimalverzinsung gerade auf 3,25% gesenkt, weil sie die bisherigen 4% nicht mehr durchhalten können. Den Menschen wird so ein Versorgungsniveau vorgegaukelt, von dem niemand weiß, ob es je erreicht werden kann. Und über die zuletzt dramatisch gestiegenen Risiken moderner Finanzmärkte erfährt man nichts.

Pensionsfonds investieren ihre Anlegervermögen sehr stark im Ausland. Aber die internationalen Finanzmärkte sind nicht so sicher. In den jüngsten Krisen wurden Milliardenvermögen vernichtet. Ist eine Alterssicherung, die mehr und mehr auf Kapitaldeckung aufbaut, in der Lage, die Lücken zu schließen, die eine Demontage der gesetzlichen Altersversorgung hinterlässt? Wahrscheinlich nicht, das sehen Sie richtig. Deswegen sind die Fonds wieder in die westlichen Industriestaaten, insbesondere USA und Europa geflohen. Da mehr Kapital als rentable Investitionsmöglichkeiten vorhanden war, hat dies dort zu einer immensen Steigerung der Aktienkurse geführt, die ökonomisch nicht gerechtfertigt ist. (...) Viele Fachleute sehen hier eine bedrohliche Blase, die jederzeit platzen kann. Auf kurze Sicht halte ich das nicht für so wahrscheinlich, da die Alterssicherungsfonds immer neues Geld bereitstellen, das untergebracht werden muss.

Irgendwann werden auch die Kapitalstocks wieder abgebaut werden. Gerät dann nicht auch die private Vorsorge in eine ähnliche Bedrängnis wie heute die gesetzliche Rentenversicherung, weil einer größeren Zahl an Begünstigten eine kleinere an Einzahlern gegenübersteht? Dann sind doch Desinvestitionen die Folge. Richtig, dann kommt die Stunde der Wahrheit. Es wäre entsetzlich, wenn dann die Blase platzen würde, weil weniger Kapital neu gebildet als für die Rentenzahlungen abgebaut wird. Aber selbst wenn dieser schlimmste Fall nicht eintritt, sind Preisreaktionen auf Güter- und Kapitalmärkten zu Lasten der Privatrenten-Empfänger wahrscheinlich.

Übersicht 7:
Beschluss des SPD-Parteivorstandes vom 3. Juli 2000
Zur Rentenreform 2000

Die Schönberger Beschlüsse wurden durch den SPD-Parteivorstandsbeschluss vom 3.7.2000, bestätigt von der SPD-Bundestagsfraktion am 4.7.2000, graduell modifiziert:

Zeithorizont: Die Berechnungen zur voraussichtlichen Entwicklung von Beitragssatz und Rentenniveau beschränken sich auf die Zeit bis zum Jahre 2030 statt – bisher – 2050.

Durchschnittsrendite: Die für die Privatvorsorge unterstellte Rendite wird von 5,5% auf 4,0% reduziert, wodurch das in Aussicht gestellte Gesamtversorgungsniveau aus gesetzlicher und privater Rente gemindert wird.

Anpassungsfaktor: Die Kürzung der sozialen Rente durch den Anpassungsfaktor betrifft alle Rentenzugänge ab dem Jahre 2011. Formal wird der Anpassungsfaktor von der für die Privatvorsorge unterstellten Rendite (4%) getrennt; ab dem Jahre 2011 (0,3%) und ansteigend um jährlich 0,3%-Punkte auf 6,0% im Jahre 2030 werden die Zugangsrenten um den entsprechenden Faktor gekürzt. Im Jahre 2030 entspricht dies einer Kürzung der sog. Standardrente um 48,1% der fiktiven Privatvorsorge.

Daneben soll die betriebliche Altersversorgung gestärkt werden; ein Mittel dazu sei *»die Einräumung eines arbeitsrechtlichen Rechtsanspruchs auf Umwandlung von Arbeitsentgelt in einen Beitrag zu einer betrieblichen Alterssicherung«.*

Quelle: Presseservice der SPD Nr. 191/00 v. 3.7.2000; eigene Zusammenstellung

Niemand kann im Nachhinein genau erklären, was den Bundesarbeitsminister dazu getrieben hatte, den *Schönberger Beschlüssen* ein Rechentableau mit einem Zeithorizont von 50 Jahren beizulegen. Das aus diesem Tableau ermittelbare Rentenniveau im Jahre 2050 von nur noch 54% löste jedenfalls einen Sturm der Entrüstung aus. Also wurde »nachgebessert« – jedenfalls was die Optik angeht. Der *SPD-Parteivorstandsbeschluss* vom 3. Juli beschränkt sich auf die Entwicklungsperspektive bis zum Jahre 2030, als Rendite des KVB werden nur noch 4,0% pro Jahr zu Grunde gelegt und der Ausgleichsfaktor ist jetzt formal von der Höhe der fiktiv errechneten Privatrente getrennt. Das »neue« Riester-Konzept hat aber entgegen einer Reihe vorschneller Bewertungen auch aus den gewerkschaftlichen Reihen nichts Substanzielles an den Schönberger Beschlüssen geändert. Auch ohne Kenntnis der Details lässt sich dieser Schluss alleine schon aus dem Umstand ziehen, dass die Entwicklung des Beitragssatzes zur Rentenversicherung weiterhin auf die schon zuvor festgezurrten Höchstwerte begrenzt ist. Wenn aber die finanziellen Mittel für die soziale Rentenversicherung auf dem Stand der Schönberger Beschlüsse gehalten werden, kann auch an Leistungen nicht mehr raus kommen, als bis dahin vorgesehen war.

Der vorerst letzte Stand

Über die parlamentarische Sommerpause will das Bundesarbeitsministerium auf Basis des einschlägigen Parteivorstands- und Fraktionsbeschlusses einen Referentenentwurf zur »Rentenreform 2000« erarbeiten, der im September den Oppositionsparteien und Verbänden vorgelegt werden soll. Nach dem ganzen Hin und Her der vergangenen Monate lässt sich derzeit folgender Stand des rot-grünen Demontagepakets in Sachen Rente festhalten:

Beitragssatzentwicklung

Der paritätisch von Arbeitnehmern und Arbeitgebern zu finanzierende Beitragssatz zur Rentenversicherung soll in den kommenden Jahren von heute 19,3% auf 18,6% (2009) sinken und danach bis zum Jahre 2014 die 19%-Marke nicht überschreiten. Erst Anfang der 20er Jahre soll die Schwelle von 20% erreicht und bis zum Jahre 2030 ein Satz von 22% nicht überschritten werden (vgl. Tabelle 3 im Anhang). Auf Arbeitnehmer und Arbeitgeber entfielen dann also jeweils 11%-Punkte. *Zusätzlich* zum Rentenbeitrag sollen die Arbeitnehmerinnen und Arbeitnehmer allerdings ohne Arbeitgeberbeteiligung einen privaten Kapitalvorsorgebeitrag von am Ende 4,0% aufbringen, so dass ihre Gesamtbelastung zur Altersvorsorge nicht bei 11%, sondern bei 15% läge.

Zur Erinnerung: Würde ab dem Jahre 2002 zur bisherigen nettolohnbezogenen Rentenanpassung zurückgekehrt und damit auf das Wirksamwerden des Blümschen Demographiefaktors ab

Übersicht 8:
Das Dogma: Senkung der gesetzlichen Lohnnebenkosten

Wie schon die Kohl-Koalition so begründet auch die rot-grüne Koalition ihre Demontagepolitik im Sozialbereich u.a. wie folgt:

»Mit einem stabilen Beitragssatz in der Rentenversicherung wird auch das Ziel verfolgt, durch die Begrenzung der Lohnnebenkosten eine Voraussetzung für mehr Wachstum und Beschäftigung und zur Sicherung des Wirtschaftsstandortes Deutschland zu schaffen. In dieser Zielsetzung stimmen Gewerkschaften und Arbeitgeber bereits seit Jahren überein.«
BMA, Das Konzept der Rentenreform 2000, Berlin, 11. Juli 2000

Ja, auch die Gewerkschaften stehen im Ruch der »ideologischen Kumpanei« mit neoliberaler Krisendiagnose und Krisentherapie:

»Die Sozialbeiträge insgesamt und die Sozialabgabenquote müssen stabilisiert und bis zum Jahre 2000 wieder auf unter 40% zurückgeführt werden. Eigenvorsorge muss ein wachsendes Gewicht erhalten.«
Bündnis für Arbeit und zur Standortsicherung, vereinbart zwischen Bundesregierung sowie Spitzenrepräsentanten der Wirtschaftsverbände und Gewerkschaften anlässlich des 7. Gesprächs zur Zukunftssicherung und für mehr Beschäftigung am 23.1.1996

»Die gesetzlichen Lohnnebenkosten müssen gesenkt werden.«
DGB-Aktionsprogramm, 5.3.1997

»Die am Bündnis für Arbeit, Ausbildung und Wettbewerbsfähigkeit beteiligten Seiten streben vor allem an: 1. weitere dauerhafte Senkung der gesetzlichen Lohnnebenkosten ...«
Bündnis für Arbeit, Ausbildung und Wettbewerbsfähigkeit, gemeinsame Erklärung vom 7.12.1998

2002 verzichtet, so betrüge der Beitragssatz im Jahre 2030 24% (vgl. Tabelle 1 im Anhang). Bei Aufrechterhaltung eines »ehrlich« berechneten Nettorentenniveaus von rd. 68½% hätten Arbeitnehmer und Arbeitgeber also jeweils 12%-Punkte zu tragen – einen Prozentpunkt mehr als nach dem rot-grünen Demontagemodell. Diese Belastung soll nicht zumutbar sein – wohl aber 15% Arbeitnehmeranteil zur Altersvorsorge?

Kapitalvorsorgebeitrag

Alle Arbeitnehmerinnen und Arbeitnehmer betreiben dem rot-grünen Konzept zufolge ab dem Jahre 2001 »freiwillig« und kontinuierlich private Altersvorsorge. Zu diesem Zweck wenden sie zunächst 0,5% ihres Bruttoeinkommens auf; dieser Anteil steigt dann jährlich um 0,5%-Punkte auf schließlich 4,0% ab dem Jah-

Übersicht 9:
Arbeitnehmeranteil zur Altersvorsorge in % des Bruttoentgelts

Jahr	Arbeitnehmer-Anteil zur Rentenversicherung nach »Rentenreform 2000«	Kapitalvorsorgebeitrag nach »Rentenreform 2000«	Arbeitnehmer-Aufwand zusammen nach »Rentenreform 2000«	Arbeitnehmer-Anteil zur Rentenversicherung bei Rückkehr zur Nettolohnanpassung ab 2002
2000	9,65	0,00	9,65	9,65
2001	9,65	0,50	10,15	9,65
2002	9,40	1,00	10,40	9,55
2003	9,35	1,50	10,85	9,60
2004	9,45	2,00	11,45	9,70
2005	9,35	2,50	11,85	9,65
2006	9,30	3,00	12,30	9,75
2007	9,35	3,50	12,85	9,85
2008	9,35	4,00	13,35	9,85
2009	9,30	4,00	13,30	9,85
2010	9,35	4,00	13,35	9,85
2011	9,35	4,00	13,35	9,85
2012	9,35	4,00	13,35	9,80
2013	9,40	4,00	13,40	9,85
2014	9,50	4,00	13,50	9,85
2015	9,55	4,00	13,55	9,95
2016	9,60	4,00	13,60	10,00
2017	9,70	4,00	13,70	10,00
2018	9,75	4,00	13,75	10,15
2019	9,80	4,00	13,80	10,25
2020	9,90	4,00	13,90	10,30
2021	9,95	4,00	13,95	10,45
2022	10,05	4,00	14,05	10,60
2023	10,15	4,00	14,15	10,70
2024	10,25	4,00	14,25	10,90
2025	10,40	4,00	14,40	11,10
2026	10,50	4,00	14,50	11,30
2027	10,65	4,00	14,65	11,50
2028	10,80	4,00	14,80	11,65
2029	10,90	4,00	14,90	11,80
2030	11,00	4,00	15,00	12,00

Quelle: Tabellen 1 und 3 im Anhang

re 2008. In den Jahren danach soll er auf der dann erreichten Höhe verharren – wird heute gesagt.

Glaubt man der Koalition, so ist die »Rentenreform 2000« deshalb notwendig und wird einzig und alleine aus dem Grunde in Angriff genommen, um die »bedrohliche Perspektive« einer Beitragsbelastung von 12%-Punkten für Arbeitgeber und Arbeitnehmer im Jahre 2030 zu verhindern und die jüngere Generation nicht zu überfordern. Den rot-grünen Plänen zufolge soll die Gesamtbelastung der Arbeitnehmer für gesetzliche und private Vorsorge aber bereits ab dem Jahre 2006 – also ein Vierteljahrhundert früher – jenen Wert überschreiten, dessen »exorbitante Höhe« es offiziellen Verlautbarungen zufolge durch die »Reform« doch angeblich zu verhindern gilt. Als eine Reihe Gewerkschafterinnen und Gewerkschafter nach Bekanntwerden der rot-grünen Rentenpläne massive Kritik äußerten, kam – ebenfalls aus dem Gewerkschaftslager – als Kritik an den Kritikern das Argument, man könne Rentenpolitik *»eben nicht gegen Adam Riese«* machen. Offensichtlich doch; denn die vier Grundrechenarten scheinen bei der politischen Auseinandersetzung um die künftige Finanzierbarkeit der Renten keine Rolle mehr zu spielen. Adam Riese jedenfalls hätte gegenwärtig keine Chance, in den Besitz eines roten oder grünen Parteibuchs zu gelangen.

Ob private Vorsorge im unterstellten Umfang tatsächlich flächendeckend betrieben wird, interessiert das Koalitionskonzept allerdings überhaupt nicht; wer trotz vorgesehener staatlicher Förderung nicht zusätzlich privat vorsorgen will oder kann, muss zusehen, wie er oder sie im Alter oder bei Erwerbsunfähigkeit zurechtkommt. Die hypothetische Annahme einer entsprechenden privaten Vorsorge dient Rot-Grün nämlich zum einen hauptsächlich zur politischen Rechtfertigung der Einführung des sog. *Ausgleichsfaktors*. Zum anderen wird bei der *neuen Rentenanpassungsformel* so getan, als ob sich alle Arbeitnehmer tatsächlich entsprechend der Koalitionsannahme verhalten, um so den Rentenanstieg in den Jahren 2002 bis 2009 zu mindern. Drittens dient die Unterstellung einer flächendeckenden Privatvorsorge der Koalition dazu, die Nettoeinkommen der Aktiven klein zu rechnen, um damit ein höheres *Standard-Versorgungsniveau* ausweisen zu können. Und schließlich soll dem rot-grünen Konzept zufolge die *paritätische Finanzierung* einer lebensstandardsichernden Invaliditäts- und Alterssicherung durch Arbeitnehmer und Arbeitgeber vom kommenden Jahr an endgültig der Vergangenheit angehören – das ist für die Arbeitnehmer und Rentner zwar unlogisch, klingt aber modern und vor allem werden dadurch die Arbeitgeber entlastet.

Staatliche Förderung der Privatvorsorge

Die Aufwendungen für die private Vorsorge sollen – sofern die Vorsorgeformen bestimmte Voraussetzungen erfüllen – staatlicherseits durch Freistellung von der Steuer gefördert werden. Manch einer zieht hieraus den Schluss, die staatliche Förderung stelle so etwas ähnliches wie eine »paritätische« Finanzierung dar. Übersehen wird hierbei, dass die Geförderten die Mittel am Ende weitgehend selbst aufbringen – dass jedenfalls die Arbeitgeber nicht zur Hälfte beteiligt sind.

Wie die Förderung am Schluss aussehen wird, ist einer der zur Zeit am wenigsten klaren Punkte des rot-grünen Konzepts. Gedacht ist zunächst an Zuschüsse für Bezieher unterdurchschnittlicher Einkommen, die von der Steuerfreistellung nicht oder nur wenig begünstigt wären; so soll die Hälfte der privaten Vorsorgeaufwendungen bezuschusst werden – allerdings begrenzt auf jährliche Maximalbeträge, die von der familiären Situation abhängig sind:

	Höchstbetrag der Zulage pro Jahr (Beträge ab 2008)	
	Ledige	Verheiratete
Ohne Kind	350 DM	700 DM
Mit 1 Kind	450 DM	900 DM
Mit 2 oder mehr Kindern	500 DM	1.000 DM

Für höhere Einkommen sind steuerliche Freibeträge vorgesehen, die sich in einer Größenordnung von zunächst 0,5% (2001) und später 4% (ab 2008) der Einkünfte bewegen sollen. Maximal ist jedoch ein Freibetrag in Höhe von 4% der monatlichen Beitragsbemessungsgrenze zur Rentenversicherung vorgesehen; das wären nach heutigen Werten ca. 4.100 DM für Ledige und 8.200 DM für Verheiratete. Einiges spricht derzeit für ein Eingehen der Koalition auf die Unions-Forderung, so dass die staatliche Förderung monatlich mindestens 30 DM pro Kind des Geförderten abwirft. – Das Volumen der staatlichen Förderung privater Vorsorge soll sich im Jahr 2008 auf knapp 20 Mrd. DM belaufen.

Förderfähig wären Anlagen, *»aus denen im Alter eine lebenslange Rente gezahlt wird, und die als Mindestleistung wenigstens die eingezahlten Beiträge garantieren«* – so die Schönberger Beschlüsse. Hier ist also keine Rede mehr von jährlich 4,0- oder 5,5-prozentigen Renditen. Und auch vom ursprünglichen Grundsatz einer lebenslangen Rentenzahlung rückt Rot-Grün zunehmend ab, nachdem die ersten Aufschreie der Investment- und Fondsbranche zu vernehmen waren, deren Anleger wegen genau dieses Erfordernisses keine Fördermittel erhalten würden; so erklärte Walter Riester Mitte Juli, ein Teil der Leistung könne auch als Einmalbetrag – sozialpolitisch der denkbar unsinnigste Weg – an die Versicherten ausgezahlt werden.

Wie mit Detailproblemen umzugehen sein wird, ist derzeit noch völlig offen. Wie etwa sollen (zeitweise) nichterwerbstätige Ehefrauen einen eigenständigen Anspruch auf kapitalgedeckte Vorsorge ihrer Männer erhalten – oder ist das gar nicht vorgesehen? Welche Kosten dürfen oder sollen (maximal) anfallen, wenn jemand den Privatversicherer wechselt? Bei privater Vorsorge greift zudem unweigerlich Risikoselektion Platz – nach Geschlecht, nach Vorerkrankung, nach Lebensalter, nach gesundheitlichem Zustand. Zwar versprach die stellvertretende Fraktionsvorsitzende Ulla Schmidt (SPD) Ende Juli mit der entwaffnenden Naivität eines schlechten Gewissens, das Gesetz werde festschreiben, dass Männer und Frauen bei der privaten Vorsorge gleich behandelt werden müssen. Wie aber in Teufels Namen wird das wohl ausgehen? – Da predigt die rot-grüne Koalition von der politischen Kanzel Privatvorsorge, versucht ihr »faules« Konzept mit Appellen an niedere Instinkte individueller Renditemaximierung schmackhaft zu machen und will jetzt eine Gleichbehandlung von Männern und Frauen erzwingen! – Männer sind zwar häufig ziemlich blöd; aber niemand sollte sie a priori für dermaßen dämlich halten, dass sie – erst einmal infiziert von der rot-grünen Renditebotschaft – dann nicht auch den Weg zu ausländischen Versicherungsgesellschaften fänden, die ihnen ohne den »sozialromantischen« Solidarausgleich mit ihren Schwestern bei gleicher Prämie eine höhere Leistung anbieten als die inländische Assekuranz.

Zusätzlich will die Koalition die *betriebliche Alterssicherung* fördern – nicht so sehr die durch Arbeitgeber, sondern vielmehr die durch Arbeitnehmer finanzierte Form. Der SPD-Parteivorstands-Beschluss vom 3. Juli erwägt in diesem Zusammenhang die Einräumung eines arbeitsrechtlichen Rechtsanspruchs auf Entgeltumwandlung in einen – von Steuern und Sozialabgaben freigestellten – Beitrag zur betrieblichen Alterssicherung. Würden alle Arbeitnehmer auch hiervon *zusätzlich* im Umfang von 4% ihres Einkommens Gebrauch machen, so würde dies die Gebietskörperschaften und die Sozialversicherungsträger noch einmal pro Jahr rd. 20 Mrd. DM kosten. – Das wären im Extremfall zusammen rd. 40 Mrd. DM jährliche Förderung privater Vorsorge, weil die soziale Rente mit lebensstandardsichernden Leistungen angeblich nicht mehr finanzierbar ist!

So lukrativ die Entgeltumwandlung für den Einzelnen sein mag, so verheerend wären die Auswirkungen – flächendeckend gedacht – für die Sozialsysteme und die öffentlichen Haushalte. Die Folge wären weiter steigende Beiträge, die dann wieder als willkommener »Beleg« für die vermeintliche Unfinanzierbarkeit des Sozialsystems dienen.

Brutto- und Nettobelastung bei steuer- und beitragsfreier Entgeltumwandlung

Umwandlungsbetrag	Ersparter Arbeitnehmeranteil (20,5%)	Ersparte Steuern (bei einem Steuersatz von 25%)	Arbeitgeberzuschuss in Höhe der ersparten Arbeitgeberanteile (20,5%)	Nettobelastung
1.000 DM	205 DM	250 DM	205 DM	340 DM
2.000 DM	410 DM	500 DM	410 DM	680 DM
3.000 DM	615 DM	750 DM	615 DM	1.020 DM

Ausgleichsfaktor

Ab dem Jahre 2011 soll ein linearer Kürzungsfaktor – irreführend als Ausgleichsfaktor (AF) bezeichnet – in die Rentenformel eingeführt und jährlich um 0,3%-Punkte erhöht werden; alle Rentenzugänge des Jahres 2011 erhielten demnach eine um 0,3% gekürzte Rente (siehe hierzu S. 39). Wer als heute 45-Jähriger im Jahre 2020 oder als heute 35-Jähriger im Jahre 2030 verrentet wird, dessen gesetzliche Altersbezüge würden um 3,0% bzw. 6,0% gesenkt. Diese Kürzung greift zusätzlich zum heute bereits geltenden Zugangsfaktor (ZF) der Rentenformel, der immer dann wirkt, wenn jemand vor Erreichen der jeweils maßgeblichen Altersgrenze in Rente wechselt.

Übersicht 10:

Rentenformel heute

Bruttorente/Monat = AR x EP x ZF x RF

Rentenformel morgen (ab 2011)

Bruttorente/Monat = AR x EP x ZF x AF x RF

AR = aktueller Rentenwert (West 2000: 48,58 DM; Ost 2000: 42,26 DM); EP = Zahl der Entgeltpunkte (Standardrente = 45 EP); ZF = Zugangsfaktor (je Monat des vorgezogenen Rentenbezugs ist er um 0,003 kleiner als 1,0); RF = Rentenartfaktor (bei Altersrenten stets 1,0); AF = Ausgleichsfaktor (je Kalenderjahr des Rentenzugangs nach 2010 ist er um 0,003 kleiner als 1,0)

Angenommen, die drei Kollegen A (56 Jahre alt), B (45 Jahre alt) und C (35 Jahre alt) – allesamt Durchschnittsverdiener – gehen mit 65 Jahren und 45 EP bzw. 62 Jahren und 42 EP in Rente, so erhielten sie *nach heutigen Werten* (2. Hj. 2000, West) die in Übersicht 11 (Seite 90) ausgewiesenen Beträge an monatlichen Bruttorenten.

Während heute Bestands- und Zugangsrenten bei identischer Zahl an Entgeltpunkten und gleichem Rentenzugangsalter stets gleich hoch sind, wird dies ab 2011 nicht mehr der Fall sein. Trotz gleicher Entgeltposition während des Erwerbslebens erhalten diejenigen Versicherten, die zu einem späteren Kalenderjahr in Rente gehen, geringere Zahlungen aus der Rentenkasse; ihr Rentenniveau fällt *alleine* schon *wegen des Ausgleichsfaktors* deutlich niedriger aus. Das Zugangsrentenniveau läge bei Verwirklichung der rot-grünen Pläne immer niedriger als das Bestandsrentenniveau. Und auch innerhalb der Bestandsrenten gäbe

Übersicht 11:

Nach heutiger Rentenformel

Die Kollegen A, B und C erhalten – wegen der gleich hohen Zahl an EP – auch eine gleich hohe Rente; **mit 65 Jahren** wären dies monatlich

48,58 DM x 45 EP x 1,000 ZF x 1,0 RF = **2.186,10 DM** [70,09 %]

und **mit 62 Jahren**

48,58 DM x 42 EP x 0,892 ZF x 1,0 RF = **1.820,00 DM**

Nach künftiger Rentenformel

Nach künftiger Formel wären die Renten – trotz gleich hoher Zahl an EP – wegen des Ausgleichsfaktors je nach Zugangsjahr unterschiedlich hoch; **mit 65 Jahren** erhält

Kollege A: 48,58 DM x 45 EP x 1,000 ZF x 0,997 AF x 1,0 RF = **2.179,54 DM** [69,88 %]
Kollege B: 48,58 DM x 45 EP x 1,000 ZF x 0,973 AF x 1,0 RF = **2.127,08 DM** [68,20 %]
Kollege C: 48,58 DM x 45 EP x 1,000 ZF x 0,940 AF x 1,0 RF = **2.054,93 DM** [65,88 %]

an monatlicher Rente. Gehen die drei bereits **mit 62 Jahren** in Rente, so beliefen sich die monatlichen Bruttobeträge auf nur noch

Kollege A: 48,58 DM x 45 EP x 0,892 ZF x 0,997 AF x 1,0 RF = **1.814,54 DM**
Kollege B: 48,58 DM x 45 EP x 0,892 ZF x 0,970 AF x 1,0 RF = **1.765,40 DM**
Kollege C: 48,58 DM x 45 EP x 0,892 ZF x 0,940 AF x 1,0 RF = **1.710,80 DM**

[Angaben in Klammern: Rentenniveau]

es von da an deutliche Unterschiede in Zahlbetrag und Niveau. Ein identisches Standardrentenniveau könnte nur noch für alle Rentenzugänge vor 2011 ausgewiesen werden; für Rentenzugänge ab 2011 wäre dieses nur noch in Abhängigkeit vom jeweiligen Kalenderjahr des Renteneintritts ermittelbar.

Rentenanpassungsformel

Auf Grund des RRG 1992 wurden die Renten in den Jahren 1992 bis 1999 jährlich in dem Umfang angepasst, in dem sich die Nettoarbeitsentgelte der Aktiven im jeweiligen Vorjahr erhöht hatten. Der Übergang von der bis dahin praktizierten Bruttoanpassung auf die Nettoanpassung der Renten war damals damit begründet worden, dass nur ein solcher Wechsel des Anpassungsverfahrens perspektivisch einen weiteren Anstieg des Nettorentenniveaus verhindern könne (»Ausgabenbremse«). Die Bruttoanpassung der Renten führt bei steigenden Abgabesätzen der

Aktiven nämlich dazu, dass die Renten stärker steigen als die Nettolöhne. Eine solche Entwicklung wollte man für die Zukunft ausschließen; das Nettorentenniveau sollte bei einem Wert von rd. 70% stabilisiert werden.

Die Nettoformel des RRG 1992 hatte allerdings nur eine Überlebensdauer von gerade mal acht Jahren. Mit der neuen Anpassungsformel (siehe Seite 35) soll ab dem Jahre 2002 dafür Sorge getragen werden, dass die Renten nach den beiden Jahren der Inflationsanpassung in geringerem Umfang angepasst werden, als die Nettolöhne steigen. Maßgebend wird demnach in Zukunft vor allem die Veränderung der Bruttolöhne sein; insofern wäre es korrekt, von einer *modifizierten Bruttolohnanpassung* zu sprechen und nicht – wie auf Regierungsseite – von einer modifizierten Nettolohnanpassung. Eine Abgabenpolitik, die sich seit Jahren einer Verschiebung der effektiven steuerlichen Belastungen *weg von den direkten* und *hin zu den indirekten Steuern* verschrieben hat und die verbissen dem Dogma der Senkung gesetzlicher »Lohnnebenkosten« folgt, würde bei Aufrechterhaltung einer nettolohnorientierten Rentenanpassung zum Teil konterkariert; deshalb soll die Netto-Formel fallen.

Viel Diskussionsstoff lieferte im vergangenen Jahr zudem das *Familienurteil des Bundesverfassungsgerichts* von Ende 1998; allseits wurden die »verheerenden« Auswirkungen auf die Rentenanpassungssätze debattiert. Schnell war nach dem Karlsruher Richterspruch das vordergründig einleuchtende Argument bei der Hand, dass es nicht Sinn des Urteils sei, *»die Renten zu erhöhen und die Sozialkassen zu sprengen«* – so etwa Bundesarbeitsminister Walter Riester. Die politische Umsetzung des Familienurteils ab 2000 durch ein höheres Kindergeld bzw. einen im Rahmen der Einkommensteuerveranlagung evtl. geltend zu machenden Kinderbetreuungsfreibetrag hat allerdings – entgegen nach wie vor anzutreffender Behauptungen – nicht die ihr unterstellte Wirkung auf die Entwicklung des bislang für die Rentenanpassung maßgebenden Nettoarbeitsentgelts. Eine steuerliche Entlastung der Familien, die innerhalb des Systems der Lohn- und Einkommensteuer »refinanziert« wird, hätte unter der bisherigen Nettoformel keine Auswirkung auf die Anpassung der Renten – anders sieht es dagegen aus, wenn die Refinanzierung z.B. über indirekte Steuern erfolgt.

Übersicht 12:
Familienurteil und Rentenanpassung

Vor Revision der Volkswirtschaftlichen Gesamtrechnung im Frühsommer 1999 durch das Statistische Bundesamt wirkte sich eine Kindergelderhöhung um 10 DM mit etwa 0,15%-Punkten bei der Rentenanpassung aus. Kindergeld zählt nach der Revision nicht mehr zum Nettolohn. Kindergelderhöhungen haben seitdem keinen Einfluss mehr auf die Lohnsteuerquote und mithin auf die Rentenanpassung.
Mit Beginn des Jahres 1999 wurde die Kindergeldauszahlungs-Verordnung vom 10. November 1995 aufgehoben, so dass sich ab 1999 das Kindergeld nicht mehr unmittelbar erhöhend auf die von den Arbeitgebern ausgezahlten Nettolöhne und -gehälter auswirkt. Deshalb weist das Statistische Bundesamt nach der Revision Kindergeldzahlungen – ungeachtet ihrer steuerrechtlichen Einordnung – in Übereinstimmung mit dem Europäischen System Volkswirtschaftlicher Gesamtrechnungen nunmehr als Transferleistungen (Sozialleistungen) aus.
Sofern die durch das Familienurteil des Bundesverfassungsgerichts gebotene steuerliche Freistellung durch das erhöhte Kindergeld allein nicht in vollem Umfang bewirkt wird, ist die sich ergebende Differenz im Nachhinein bei der Steuerveranlagung abzusetzen. Auf die Lohnsteuerquote und das laufende Nettoeinkommen hat dieser Vorgang keinen Einfluss.

Antwort des Staatssekretärs Dr. Klaus Achenbach v. 26.7.1999 auf Fragen des Abgeordneten Carl-Ludwig Thiele (FDP), BTDrs. 14/1475 v. 6.8.1999, S. 5

Von erheblicher Bedeutung für die Anpassung der Renten nach der bisherigen Formel wäre demgegenüber das in Aussicht stehende Urteil des Bundesverfassungsgerichts zur Besteuerung von Renten und Pensionen; nicht auszuschließen ist – im Extremfall – eine Vollbesteuerung der Renten, der allerdings die Freistellung der Beiträge von der Besteuerung sowie längere Übergangsfristen für bereits laufende Renten und erworbene Anwartschaften, die ja zumindest teilweise auf bereits versteuerten Beiträgen beruhen, zur Seite gestellt werden müssten. Auch bei einer Vollbesteuerung blieben zwar viele Renten faktisch steuerfrei, weil ihr Bruttobetrag unterhalb der steuerlichen Freibeträge liegt. Der Nettobetrag der Standardrente mit 45 EP allerdings fiele niedriger aus und damit auch die sog. Rentennettoquote, die wiederum maßgebliche Bedeutung für die Entwicklung des aktuellen Rentenwerts, also den Rentenanpassungssatz, nach der bisherigen Formel hat (siehe Seite 35). Im Rahmen der Nettoformel müssten nämlich alle Renten infolge der Vollbesteuerung der Standardrente stärker angepasst werden – unabhängig davon, ob sie selbst tatsächlich besteuert werden oder nicht. Im »Anpassungskreislauf« führt dies im nächsten Schritt zu höheren Beitragssätzen, was im Folgejahr dann wiederum geringere Anpassungssätze bewirken würde.

Den gleichen Effekt (im Sinne einer »Verdoppelung« der Anpassungssätze) hätte die bei Vollbesteuerung der Renten zwingend erforderliche steuerliche Freistellung der Rentenbeiträge (Wechsel von der vorgelagerten zur nachgelagerten Besteuerung), die wiederum eine deutliche Erhöhung der Nettoeinkommen der Aktiven – und damit ein Jahr später auch der Renten – bewirken würde. Etwas anderes würde nur dann gelten, wenn eine Gegenfinanzierung der Steuerausfälle zu 100% innerhalb des Systems der Lohn- und Einkommensteuer erfolgte.

All diesen »Gefahren« soll mit der neuen Formel aus dem Wege gegangen werden. Soweit die Arbeitnehmer von gesetzlichen Abgaben entlastet werden, soll dies für die Rentenanpassung künftig nicht mehr von Relevanz sein; einzig die Änderung des Beitragssatzes zur Rentenversicherung wird in Zukunft noch Berücksichtigung finden. Die im Juli 2000 vom Bundesrat verabschiedete Steuerreform entlastet zwar in den kommenden Jahren die Aktiven – diese Entlastungen werden nach der neuen Anpassungsformel aber nicht an die Rentnerinnen und Rentner weitergegeben. In den vergangenen 30 Jahren haben eine Vielzahl von Änderungen des Einkommensteuertarifs Platz gegriffen; daran wird sich auch in den kommenden 30 Jahren nichts ändern. Periodische Korrekturen des Tarifverlaufs sind alleine schon deshalb immer wieder notwendig, um die sog. kalte Progression – also das Hineinwachsen in höhere Steuersätze nur auf Grund von Nominallohnsteigerungen – ein Stück weit zurück zu nehmen. Die im Anhang (Tabellen 2 und 3) für die rot-grünen Pläne dargestellten Nettorentenniveaus der kommenden Jahre können aber nur den heutigen Stand, einschließlich der Steuerreform 2001/2003/2005, berücksichtigen und sind deshalb – und vor allem wegen des vom Bundesverfassungsgericht vermutlich geforderten Wechsels von der vor- zur nachgelagerten Besteuerung der Rentenversicherungsbeiträge – mindestens für den Zeitraum ab 2010 viel zu hoch ausgewiesen.

Während also Entlastungen bei den gesetzlichen Abgabesätzen der Aktiven nicht mehr an die Rentner weitergeleitet werden, soll auf der anderen Seite allerdings der fiktive Kapitalvorsorgebeitrag der Erwerbstätigen auf jeden Fall in der neuen Formel in vollem Umfang anpassungsmindernd berücksichtigt werden. Da der KVB dem Koalitionskonzept zufolge in den Jahren 2001 bis 2008 eingeführt und ständig erhöht wird, mindert die geplante Berücksichtigung seiner jährlichen Veränderung in der neuen Formel die Rentenanpassungssätze in den Jahren 2002 bis 2009. Die Renten werden also künftig bei *tatsächlicher* Entlastung der Arbeitnehmer nicht mehr erhöht, dafür aber infolge ihrer *fiktiven* Zusatzbelastung gekürzt.

Versorgungsniveau

Im Jahre 1999 belief sich das Nettostandardrentenniveau auf 71,21%; alleine auf Grund der zweijährigen Inflationsanpassung wird es ab dem Jahre 2002 auf rd. 68½% sinken. Nur zur Erinnerung: Wollte man das 1999er Rentenniveau für die nächsten 30 Jahre halten, so wäre im Jahre 2030 ein Beitragssatz zur Rentenversicherung in Höhe von rd. 26% erforderlich – bei paritätischer Finanzierung also jeweils 13%-Punkte für Arbeitgeber und Arbeitnehmer.

Nach den rot-grünen Rentenplänen soll das sog. *Bestandsrentenniveau* (ohne »Ausgleichsfaktor«) langfristig bei rd. 68% liegen; das *Zugangsrentenniveau* (mit »Ausgleichsfaktor«) wird dagegen auf rd. 64% für die Rentenneuzugänge ab 2030 sinken (vgl. im Anhang Tabelle 3). Kritikern dieses Leistungsabbaus hält Riester entgegen: *»Ein Rentenniveau von 64 Prozent gab es schon 1974. Damals hat niemand gesagt, dass das zu nah an der Sozialhilfe wäre.«* (Stern Nr. 28 v. 6.7.2000) Da mag er Recht haben; und dennoch könnte – von Rechentricks ganz abgesehen – die umstandslose Gleichsetzung der von Sozialdemokraten und Grünen politisch angestrebten dauerhaften Niveausenkung auf 64% ab dem Jahre 2030 einerseits mit dem 64%-Niveau des Jahres 1974 andererseits einfältiger nicht ausfallen. Denn Anfang der 70er Jahre folgten die Renten den Löhnen wegen der anders gestalteten Anpassungsformel noch mit einer drei- bis vierjährigen Zeitverzögerung; in den Jahren 1973 und 1974 – daran müsste sich der ehemalige IG-Metall-Funktionär Riester noch dunkel erinnern – lagen die Lohnsteigerungen im zweistelligen Prozentbereich. Als diese Zuwächse die Renten erreichten, schnellte das Nettorentenniveau nämlich um fast 10%-Punkte auf über 73% (1977) hoch. – So viel zu einem ziemlich dümmlichen Versuch, die unbedarften Beobachter der Rentendebatte zu verhohnepipeln.

Die infolge der rot-grünen Rentenniveausenkung entstehende Sicherungslücke soll künftig durch private Vorsorge geschlossen werden. Denn wer als Durchschnittsverdiener kontinuierlich den unterstellten KVB entrichtet, könne – so Rot-Grün – bei einer unterstellten Durchschnittsrendite von 4,0% pro Jahr als Neurentner des Jahres 2030 mit einer Bruttokapitalrente von monatlich 587,86 DM rechnen. Zwar muss knapp die Hälfte dieses Betrages, nämlich 282,91 DM, dazu verwendet werden, die Kürzung der sozialen Rente durch den »Ausgleichsfaktor« wett zu machen – insgesamt aber käme unser Standardrentner hiernach auf ein Versorgungsniveau aus gesetzlicher (64,15%) und privater (8,5%) Rente von 72,65 %. Mit der »Garantie« eines Gesamtversorgungsniveaus von über 70% glaubt die Koalition, die »Attraktivität« ihres Vorhabens belegen zu können. *»Die Leistungen aus gesetzlicher Rente und kapitalgedeckter Zusatzvorsorge werden langfristig deutlich über dem heutigen Niveau liegen. Das ist der entscheidende Punkt unserer Reformüberlegungen.«* – Mit dieser Botschaft aus dem »Musterreferat« zur Rentenreform 2000 schickte Walter Riester die SPD-Fraktionsmitglieder während der parlamentarischen Sommerpause über ihre heimischen Dörfer. Hierbei wird unterschlagen, dass viele Arbeitnehmer bereits heute in beachtlichem Umfang private Vorsorge betreiben – etwa in Gestalt von privaten Lebens- oder Rentenversicherungsverträgen, Sparplänen, Eigenheimerwerb usw.; die Gesamtversorgung aus sozialer und privater Vorsorge beläuft sich derzeit jedenfalls beim *Standardrentner* – der von der Koalition ja als Messlatte herangezogen wird – auf zwischen 75% und 80%.

Spätestens an dieser Stelle entpuppt sich der Charakter der vermeintlich *zusätzlichen* privaten Vorsorge: Privatvorsorge fungiert im rot-grünen Konzept nicht als Ergänzung der gesetzlichen Rentenversicherung, sondern – weil alleine von den Arbeitnehmern finanziert – als teurer Ersatz für bislang paritätisch

Übersicht 13:
Private Altersvorsorge[1] der Geburtsjahrgänge 1936-1955

	Alte Bundesländer		Neue Bundesländer	
	Männer	Frauen	Männer	Frauen
Von allen Personen mit projizierter Anwartschaft auf eine Versichertenrente aus der sozialen Rentenversicherung hatten 1996 ...% private Vorsorgeanwartschaften	64	40	59	52
Die durchschnittliche Höhe der privaten Vorsorgeanwartschaft ab dem 65. Lebensjahr belief sich in Werten von 1996 auf ... DM/Monat	419	237	246	163
Das waren ... % der monatlichen Bruttojahres-Standardrente 1996	20,0	11,3	14,3	9,5

[1] Lebensversicherungen und private Rentenversicherungen

Quelle: K. Kortmann, Ch. Schatz (Infratest Burke Sozialforschung), Altersvorsorge in Deutschland 1996. Lebensverläufe und künftige Einkommen im Alter, Forschungsprojekt im Auftrag des Verbandes Deutscher Rentenversicherungsträger und des Bundesministeriums für Arbeit und Sozialordnung, DRV-Schriften Bd. 19 bzw. BMA-Forschungsbericht Bd. 277, München, November 1999

finanzierte und künftig drastisch gekürzte Leistungen der sozialen Sicherung. Von einem langfristig deutlich höheren Versorgungsniveau kann also überhaupt keine Rede sein.

Ganz im Gegenteil; denn das von Rot-Grün in Aussicht gestellte Versorgungsniveau ist rechnerisch nicht vergleichbar mit dem heutigen Nettorentenniveau von rd. 70%. Die Koalition bedient sich nämlich eines *Rechentricks*, damit das Niveau möglichst »hoch« erscheint; hier schlägt sich die obige Unterstellung nieder, dass alle Arbeitnehmer in der angenommenen Höhe Privatprämien entrichten. Der private Kapitalvorsorgebeitrag wird nämlich bei der Berechnung des künftigen Versorgungsniveaus einfach vom gesamtwirtschaftlichen Durchschnitt des Nettoentgelts der Arbeiter und Angestellten abgezogen, so als handele es sich um Pflichtbeiträge der Arbeitnehmer zur Sozialversicherung (siehe Seite 31).

Selbst der schläfrigste Klippschüler weiß: Wer den Nenner kürzt, erhält bei konstantem Zähler ein besseres Ergebnis. Das

Übersicht 14: Das Rentenniveau und seine ominöse Berechnung

Wenn heute von einem Nettorentenniveau in Höhe von rd. 70% gesprochen wird, so liegen dem bestimmte Modellannahmen zu Grunde. Ausgegangen wird vom statistischen Durchschnittsverdiener, der insgesamt 45 Jahre lang Beiträge zur gesetzlichen Rentenversicherung entrichtet und damit 45 Entgeltpunkte (EP) erworben hat. Die Nettostandardrente (West) beträgt im Jahr 2000 24.167 DM oder im monatlichen Durchschnitt knapp 2.014 DM. Nach den letzten Schätzungen wird sich das Nettoarbeitsentgelt im gesamtwirtschaftlichen Durchschnitt (West) auf 34.479 DM belaufen (Brutto: 54.956 DM), so dass sich ein Nettorentenniveau von

24.167 : 34.479 = 70,09%

ergibt. Auch diejenigen, die im Schnitt ihres Erwerbslebens unter- oder oberhalb des Durchschnitts gelegen haben, kommen auf das ausgewiesene Rentenniveau, das sich dann allerdings jeweils auf die unter oder über dem Durchschnitt liegende persönliche Entgeltposition während des gesamten Erwerbslebens bezieht – immer vorausgesetzt, es liegen im Einzelfall genau 45 Beitragsjahre vor.

Bis zum Jahre 2030 wird das durchschnittliche Nettoentgelt den letzten einschlägigen Annahmen und Modellrechnungen zufolge auf schätzungsweise 75.182 DM steigen (Brutto: 130.819 DM). Die rot-grüne Nettostandardrente für den *Rentenbestand* wird den Annahmen zufolge 48.447 DM betragen. Aus diesen Daten ergibt sich im Jahre 2030 ein Nettorentenniveau in Höhe von

48.447 : 75.182 = 64,44%.

Die Koalition dagegen weist für das Jahr 2030 ein Bestandsrentenniveau (ohne »Ausgleichsfaktor«) von 68,24% aus; wie kommt diese Differenz zustande? – Nun, eigentlich ganz einfach: Der unterstellte KVB in Höhe von 4% des Bruttoentgelts wird einfach vom Nettoentgelt abgezogen. Und da das Rentenniveau nicht auf der Basis individueller, sondern anhand gesamtwirtschaftlicher Daten berechnet wird, werden nur 80% der 4%-Prämie (also 3,2%) in Abzug gebracht, weil in einer vereinfachten Rechnung Arbeiter und Angestellte nur einen Anteil von rd. 80% der Erwerbstätigen ausmachen. Werden vom durchschnittlichen Nettoentgelt (75.182 DM) 4.186 DM (= 3,2% von 130.819 DM) abgezogen, so ergibt dies ein Nettorentenniveau von genau

48.447 : 70.996 = 68,24%.

In gleicher Weise wird bei der Berechnung des *Zugangsrentenniveaus* verfahren; da die Zugangsrenten des Jahres 2030 um den »Ausgleichsfaktor« von 6% gekürzt werden, ergibt dies eine Nettostandardrente von schätzungsweise nur noch 45.543 DM. Hieraus würde sich ein Nettorentenniveau von

45.543 : 75.182 = 60,58%

errechnen. Den gleichen Trick wie beim Bestandsrentenniveau angewandt erhöht sich dieser Wert auf

45.543 : 70.996 = 64,15%.

So lässt sich Sozialdemontage rein rechnerisch in ein etwas »schöneres« Bild setzen.

»ehrlich« berechnete Rentenniveau liegt deshalb bei 4%-igem KVB immer um gut 3½%-Punkte niedriger als das von Walter Riester ausgewiesene Niveau.

Für 2030 »verspricht« Rot-Grün dem Standardrentner also ein Gesamtversorgungsniveau aus gesetzlicher plus privater Rente, das bei »ehrlicher« – weil nur so mit den heutigen Werten vergleichbarer – Berechnung nicht einmal das derzeitige Niveau erreicht, das alleine die soziale Rente gewährt. Dafür aber sollen Arbeitnehmerinnen und Arbeitnehmer einen dauerhaft deutlich höheren Gesamtvorsorgebeitrag zahlen, als sie zu zahlen hätten, wenn an der paritätischen Finanzierung und einem Rentenniveau von rd. 70% (Arbeitnehmeranteil 2030 = 13%) bzw. 68½% (Arbeitnehmeranteil 2030 = 12%) festgehalten würde.

In Mark und Pfennig lautet die rot-grüne Botschaft an die heute 35-Jährigen etwa folgendermaßen: *»Wenn Ihr im Jahre 2030 mit 45 EP verrentet werdet, erhaltet Ihr nach unserem Konzept einen Bruttobetrag aus gesetzlicher und privater Rente von 5.020,05 DM – oder exakter: 2.566,70 EUR. Würden wir dagegen an dem ordnungspolitisch überholten Modell der paritätisch finanzierten Rente mit einem Leistungsniveau (ab 2002) von rd. 68½% festhalten, bekämt Ihr nur die gesetzliche Rente in Höhe von 4.950 DM oder 2.530,89 EUR. Für eine – Dank des entschlossenen Regierungshandelns – um bemerkenswerte 70,05 DM oder 35,82 EUR höhere Leistung müsst Ihr als statistische Durchschnittsverdiener in den kommenden 29 Jahren insgesamt nur ungefähr 80.000 DM oder 40.900 EUR mehr einzahlen. Ein Gutteil davon erhaltet Ihr auch noch über Steuererleichterungen (zum Teil von Euch selbst finanziert) zurückgezahlt.«* – Überzeugender lässt sich »Reform«-Politik kaum noch verkaufen.

Erwerbsminderungsrenten und Schwerbehinderte

Die im Rahmen des RRG 1999 von der Altkoalition vorgesehenen – und durch die sog. Korrekturgesetzgebung von 1998 bis Ende des Jahres ausgesetzten – Änderungen im Bereich des Erwerbsminderungsrechts werden in drei Punkten neu geregelt:

- Bei der Zuerkennung von Erwerbsminderungsrenten wird auch weiterhin die Lage auf dem Arbeitsmarkt berücksichtigt (sog. konkrete Betrachtungsweise): Wer nur noch »halbschichtig« erwerbstätig sein kann, auf Grund des verschlossenen Arbeitsmarktes aber keine Teilzeitbeschäftigung findet, soll dennoch auch künftig eine volle Erwerbsminderungsrente erhalten.

- Für all diejenigen, die bei Inkrafttreten der »Rentenreform 2000« bereits das 40. Lebensjahr vollendet haben, wird auch künftig das Risiko der Berufsunfähigkeit über die soziale Rentenversicherung abgesichert.
- Die sog. Zurechnungszeiten, die bei Eintritt von Erwerbsunfähigkeit in jungen oder mittleren Jahren zu den bis dahin erreichten rentenrechtlichen Zeiten hinzu gerechnet werden, werden über das vollendete 55. Lebensjahr hinaus bis zum vollendeten 60. Lebensjahr verlängert. Das RRG 1999 sah hier nur eine Verlängerung der Zeit zwischen vollendetem 55. und 60. Lebensjahr von bis dahin 1/3 auf 2/3 – also 40 Monate – vor.

Im übrigen werden keine Änderungen gegenüber den Blümschen Plänen vorgenommen. Wie schon im RRG 1999 vorgesehen war, werden die heutigen Renten wegen verminderter Erwerbsfähigkeit durch eine *zweistufige Erwerbsminderungsrente* ersetzt, deren Anspruch bzw. Höhe sich danach richtet, welchen Umfang das sog. Restleistungsvermögen des Erwerbsgeminderten aufweist. Beibehalten werden soll auch die Regelung des RRG 1999, wonach Versicherte für jeden Kalendermonat, den sie künftig eine *Rente wegen verminderter Erwerbsfähigkeit* vor vollendetem 63. Lebensjahr in Anspruch nehmen müssen, einen dauerhaften Rentenabschlag in Höhe von 0,3% pro »vorgezogenem« Monat (maximal 10,8%) erhalten. Negative Auswirkungen hat diese Abschlagsregelung auch auf die Leistungshöhe bei künftigen *Hinterbliebenenrenten*: Da sich z.B. die Witwenrente nach der (fiktiven) Erwerbsminderungsrente des Verstorbenen richtet, mindert sich die abgeleitete Rente der Ehefrau (unter Berücksichtigung der verlängerten Zurechnungszeit) künftig im Falle des Ablebens des Ehegatten vor vollendetem 60. Lebensjahr, ohne dass dieser bereits eine Rente bezogen hat, um 10,8%.

Die heutige *Altersrente* ab 60 Jahren für *Berufs- oder Erwerbsunfähige* wird abgeschafft bzw. auf den Personenkreis der Schwerbehinderten mit einem GdB von mindestens 50% begrenzt. Zudem wird die *Altersgrenze* von 60 Jahren für *Schwerbehinderte* in monatlichen Stufen um jeweils einen Monat – beginnend ab dem Jahre 2001 – auf das vollendete 63. Lebensjahr angehoben; wer früher in Altersrente wechselt, erhält einen dau-

Übersicht 15:
Die zweistufige Erwerbsminderungsrente

Restleistungsvermögen auf dem allgemeinen Arbeitsmarkt	Konzept der Koalition	Stand RRG 1999
Unter 3 Stunden täglich	Vollrente	Vollrente
Zwischen 3 Stunden und unter 6 Stunden (bei verschlossenem Arbeitsmarkt)	Vollrente	Halbe Rente
Zwischen 3 Stunden und unter 6 Stunden (bei nicht verschlossenem Arbeitsmarkt)	Halbe Rente	Halbe Rente
Von 6 Stunden und mehr	Keine Rente	Keine Rente

erhaften versicherungstechnischen Abschlag in Höhe von 0,3% pro vorgezogenem Monat (maximal 10,8%). Bei der Anhebung der Altersgrenze für das Schwerbehinderten-Altersruhegeld soll den Personen, die am »Reform«-Stichtag bereits das 50. Lebensjahr vollendet haben *und* schwerbehindert sind, dem Koalitionskonzept zufolge Vertrauensschutz eingeräumt werden.

Hinterbliebenensicherung

Für Hinterbliebenenfälle, die vor Inkrafttreten der »Rentenreform 2000« eingetreten sind, und für Ehepaare, bei denen der ältere Partner am Stichtag mindestens 40 Jahre alt ist (sog. Vertrauensschutzfälle), soll auch in Zukunft das heute geltende Recht mit beschränkter Anrechnung der Einkommensarten und dynamischem Freibetrag weitergelten. Seit 1986 – Hinterbliebenenrenten- und Erziehungszeitengesetz (HEZG) – wird auf die Witwen- oder Witwerrente das Erwerbs- bzw. Erwerbsersatzeinkommen des Hinterbliebenen leistungsmindernd angerechnet. Die Renten wegen Todes werden um 40% jenes Betrages gekürzt, um den das anrechenbare Einkommen den monatlichen Freibetrag (West 2000: 1.282,51 DM, Ost 2000: 1.115,66 DM) übersteigt; dieser Freibetrag steigt bislang jährlich im Gleichklang mit den Renten.

Für alle anderen Hinterbliebenen, die nicht dem Vertrauensschutz unterliegen, wird der Versorgungssatz von heute 60% der Rente des Verstorbenen auf künftig 55% gesenkt. Für jedes Kind, das der/die Hinterbliebene erzogen hat, ist ein Zuschlag in Höhe eines Entgeltpunktes vorgesehen – wobei noch nicht eindeutig klar ist, ob es sich hierbei um einen Zuschlag zur Versichertenrente des/der Verstorbenen handeln wird, der dann der Einkommensanrechnung unterliegt, oder um einen Zuschlag zur Rente des/der Hinterbliebenen. Der Freibetrag der Einkommensanrechnung soll zudem auf seinem heutigen Wert eingefroren, also entdynamisiert werden. Für die neuen Länder bleibt es bei der bisherigen Dynamisierung, bis der Freibetrag den Wert der alten Länder erreicht hat. Heute beläuft sich der Freibetrag auf knapp 60% der Bruttostandardrente – im Jahre 2030 entspräche der eingefrorene Freibetrag nur noch 27% der Bruttostandardrente. Und schließlich sollen in Zukunft – anders als heute und anders als bei den Vertrauensschutzfällen – sämtliche Einkommensarten angerechnet werden – also auch z.B. Einkommen aus privater Vorsorge, es sei denn, die Einkünfte stammen aus *staatlich geförderter Altersvorsorge*. Bei der Witwenrente für Frauen, die keine Kinder erziehen oder jünger als 45 Jahre sind (sog. kleine Witwenrente), wird die Bezugsdauer auf eine Übergangszeit von zwei Jahren befristet. – Darüber hinaus soll die Möglichkeit einer partnerschaftlichen Teilung von Anwartschaften in der gesetzlichen Rente eröffnet werden.

Kindererziehung

Die Rentenanwartschaften von Müttern, die während der ersten zehn Lebensjahre des Kindes (sog. Kinderberücksichtigungszeit) erwerbstätig sind, diese Tätigkeit aber wegen der Kindererziehung nur in Form von Teilzeitarbeit ausüben oder trotz einer Vollerwerbstätigkeit unterdurchschnittlich verdienen, werden bei der Rentenberechnung aufgewertet. Die individuelle Entgeltposition soll um 50% auf maximal 100% des Durchschnittsentgelts erhöht werden. Voraussetzung für die Aufwertung der Rentenanwartschaften ist die Erfüllung einer Wartezeit von 35 Jahren; zu dieser Wartezeit zählen neben den Beitragszeiten und Zeiten aus einem evtl. Versorgungsausgleich auch Anrechnungszeiten und die Kinderberücksichtigungszeiten selbst – abzüglich der drei Kindererziehungsjahre, die ja zu den Beitragszeiten zählen. Die geplante kindbezogene Höherbewertung niedriger Entgelte soll voraussichtlich für Kinderberücksichtigungszeiten ab Inkrafttreten der »Rentenreform 2000« gelten – also nicht rückwirkend,

Übersicht 16:
Aufwertung von Kinderberücksichtigungszeiten

Geburt des ältesten bzw. jüngsten Kindes	Kinderberücksichtigungszeit von ... bis ...	Monate der Aufwertung niedrigen Entgelts[1] von ... bis ...	Aufwertung von monatlich z.B. ... EP (a) um ... EP (b) auf ... EP (c)
1. Fall (1 Kind)			(a) 0,0346
1. März 1996	März 1996	Januar 2001	(b) 0,0173
-	Februar 2006	Februar 2006	(c) 0,0519
2. Fall (mehr als 2 Kinder)			(a) 0,0415
1. August 1987	August 1987	Januar 2001	(b) 0,0208
1. Juni 1999	Mai 2009	Mai 2009	(c) 0,0623
3. Fall (1 Kind)			(a) 0,0532
1. August 1987	August 1987	Januar 2001	(b) 0,0301
-	Juli 2007	Juli 2007	(c) 0,0833
4. Fall (2 oder mehr Kinder)			(a) 0,0790
1. Juni 2000	Juni 2000	Januar 2001	(b) 0,0043
1. März 2010	Februar 2020	Februar 2020	(c) 0,0833
5. Fall (mehr als 2 Kinder)			(a) 0,0932
1. April 2001	April 2001	April 2001	(b) 0,0000
1. Sept. 2015	August 2025	August 2025	(c) 0,0932

[1] Außerhalb der Schutzfristen (Beschäftigungsverbot) vor bzw. nach der Geburt

aber auch nicht erst für Geburten ab Inkrafttreten der Reform. Beispiele für den Fall eines Inkrafttretens der »Reform« zum 1. Januar 2001 zeigt Übersicht 16.

Im ersten Fall z.B. würden die monatlich 0,0346 EP aus Erwerbstätigkeit – das entspricht einem Verdienst in Höhe von rd. 41,5% des Durchschnittsentgelts – für den Zeitraum Januar 2001 bis Februar 2006 (62 Monate) auf monatlich 0,0519 EP – rd. 62% des Durchschnittsentgelts – aufgewertet. Nach *heutigen Werten* (AR: 48,58 DM) beliefe sich die Rentenanwartschaft für den genannten Zeitraum also auf 156,32 DM [= 0,0519 x 62 x 48,58] statt 104,21 DM [= 0,0346 x 62 x 48,58]. – Frauen, die wegen gleichzeitiger Erziehung von zwei oder mehr Kindern nicht erwerbstätig sind, sollen ebenfalls einen Ausgleich erhalten.

Grundsicherung

»Wir werden eine soziale Grundsicherung einführen, die im Bedarfsfall die Rente so erhöht, dass Armut im Alter verhindert und die Inanspruchnahme von Sozialhilfe vermieden wird. Dadurch werden auch die Städte und Gemeinden bei der Sozialhilfe entlastet.«

So stand es 1998 im Wahlprogramm der SPD, so wurde es in der Koalitionsvereinbarung von SPD und B'90/DIE GRÜNEN niedergelegt und so war es in den Eckpunkten der Bundesregierung für die Rentenstrukturreform vom 23. Juni 1999 vorgesehen.

Die soziale Grundsicherung im Alter und bei dauerhafter Erwerbsunfähigkeit wird es nicht geben. Vorgesehen sind im rot-grünen Konzept lediglich erleichterte Verfahren bei der Gewährung von Sozialhilfe an über 65-Jährige und Erwerbsunfähige. So soll für diesen Personenkreis im Rahmen des Sozialhilferechts (laufende Hilfe zum Lebensunterhalt außerhalb von Einrichtungen) auf den Rückgriff gegenüber unterhaltsverpflichteten Kindern und Eltern verzichtet werden. War ursprünglich vorgesehen, dass der Bund die Mehrausgaben der sozialen Grundsicherung trägt, so werden durch die jetzt geplante Regelung die Städte und Gemeinden zur Kasse gebeten, denn ein finanzieller Ausgleich der Mehrbelastungen durch den Bund ist bislang nicht vorgesehen. – Alleine schon dieser Umstand lässt es fraglich erscheinen, ob die Länder einer solchen Regelung überhaupt ihre erforderliche Zustimmung geben werden.

Zudem sollen die Rentenversicherungsträger den genannten Personenkreis über mögliche Sozialhilfeansprüche informieren, Anträge entgegennehmen und an das zuständige Sozialamt weiterleiten. Die Bedürftigkeit soll in der Regel nur einmal – im Rahmen der Erstbewilligung – geprüft werden, da sich die Einkommens- und Vermögensverhältnisse Älterer nicht mehr grundsätzlich ändern. Weiterhin sind für über 65-Jährige und Erwerbsunfähige im Rahmen der laufenden Hilfe zum Lebensunterhalt außerhalb von Einrichtungen Pauschalierungen bei einmaligen Leistungen vorgesehen.

Spötter verorten den Verzicht auf die von Rot-Grün versprochene soziale Grundsicherung keineswegs vorrangig am Widerstand von Union und FDP, sondern vielmehr in dem Umstand, dass ein Politikkonzept, welches die Leistungen der sozialen Rentenversicherung für zunehmend mehr Versicherte unter das Sozialhilfeniveau drückt, durch Einführung einer sozialen Grundsicherung finanziell konterkariert würde.

Sonstige Maßnahmen

Von dem ursprünglichen Ziel, Sicherungslücken, die auf Grund unsteter Erwerbsverläufe entstehen, zu schließen, ist wenig übrig geblieben. Einzig jene Lücken sollen geschlossen werden, die zu Beginn der Versicherungsbiographie entstehen können – z.B. Verzögerungen bei der erstmaligen Aufnahme einer versicherungspflichtigen Tätigkeit vor vollendetem 25. Lebensjahr auf Grund von Arbeitslosigkeit oder Krankheit – und auch jene Fälle sollen besser gestellt werden, bei denen unterdurchschnittliche Pflichtbeiträge in den ersten Jahren erhebliche Auswirkungen auf die Höhe insbesondere der Erwerbsminderungsrente haben. Schließlich ist vorgesehen, die Grundsätze des »Reform«-Vorhabens auf andere bundesgesetzlich geregelten Alterssicherungssysteme – insbesondere auf die Beamtenversorgung – zu übertragen.

Resümee

Vor zwei Jahren stand die Forderung nach einem Politikwechsel für Arbeit und soziale Gerechtigkeit ganz oben an. Am Abend des 27. September 1998 schien eine der wesentlichen Voraussetzungen hierfür geschaffen. – Heute, zwei Jahre später, betrachtet der Bundeskanzler in seiner Halbzeitbilanz zwar den »Reformstau in Deutschland« als aufgelöst. Und sein Arbeitsminister nahm bereits zuvor für sich in Anspruch, über Reformen nicht nur zu reden, sondern sie auch zu machen. Nach kurzer Aufbruchstimmung um die Jahreswende 1998/99 haben die Arbeitnehmer aber inzwischen – wie schon unter Helmut Kohl – auch unter Rot-Grün wieder allen Anlass, beim Wort *Reform* reflexartig ihre Gesäßtasche zu sichern. Bislang jedenfalls haben die Herren Henkel, Philipp, Stihl und Hundt allen Grund zum Jubeln. *»Wenn demnächst die paritätische Finanzierung der Rentenversicherung aufgegeben wird,«* – so Oskar Lafontaine – *»ist*

Übersicht 17:
»Die Last wird voll bei der jungen Generation abgeladen«

Hamburg (ots) – Die Rentenreform der rot-grünen Regierungskoalition verfehlt nach Ansicht von Hans-Jürgen Krupp das Ziel der Generationengerechtigkeit. Krupp ist Präsident der Landeszentralbank in Hamburg, Mecklenburg-Vorpommern und Schleswig-Holstein und leitet außerdem die Kammer für soziale Ordnung in der Evangelischen Kirche: »Die Last wird voll bei der jungen Generation abgeladen«, erklärte der Sozialdemokrat im ZEIT-Interview.

»Das gilt erst für deren Beiträge – die Summe der Beitragslasten aus gesetzlicher Rentenversicherung und privater Vorsorge beträgt 26 Prozent der Einkommen – und später für deren Renten. Dort setzen dann die Kürzungen besonders massiv ein.« Das rot-grüne Konzept »greift deutlich zu kurz und kumuliert die Risiken: Das Rentenniveau wird gesenkt, ohne dass es eine Mindestsicherung gibt. .... Die jetzt vorliegenden Vorschläge bedeuten für viele Frauen sogar eine Verschlechterung im Alter.«

Quelle: Die Zeit v. 28.7.2000

der Triumph vollkommen.« Und niemand sollte der Illusion verfallen, die Arbeitgeber würden danach endlich Ruhe geben. – Der 1998 gerade auch von den Gewerkschaften eingeforderte Politikwechsel steht bislang noch weitgehend aus.

Von sich fortschrittlich gebenden Kritikern der sozialen Rentenversicherung wird häufig deren Erwerbsarbeitszentriertheit als überholt und unzeitgemäß eingestuft. Vor allem ließen, so wird angeführt, Entwicklungen wie etwa durch wiederkehrende Phasen der Arbeitslosigkeit zunehmend perforierte Erwerbsverläufe, häufiger werdende Statuswechsel zwischen abhängiger Beschäftigung und selbständiger bzw. freiberuflicher Tätigkeit oder Phasen selbst gewählter Nichterwerbstätigkeit – also der Abschied vom so genannten Normalarbeitsverhältnis – die Annahmen einer Standarderwerbsbiografie immer mehr zur reinen Fiktion werden. Wer wird künftig vor diesem Hintergrund überhaupt noch 45 Versicherungsjahre und damit das Standardrentenniveau erreichen? – Hieraus wird meist umstandslos geschlussfolgert, dass die politische Auseinandersetzung um die Höhe des Standardrentenniveaus – fern der Realität – nur ein Streit um Kaisers Bart sei. Hinzu kommen die Leistungseinschränkungen der Kohl-Ära wie etwa die Einführung von Rentenabschlägen bei vorgezogenem Altersrentenbezug oder auch die Schlechterstellung bestimmter Anrechnungszeiten. All diese Einschnitte berühren zwar nicht das rechnerische Standardrentenniveau, haben andererseits aber zum Teil gravierende negative Auswirkungen auf das vom Einzelnen konkret erreichbare Absicherungsniveau.

Dennoch ist und bleibt das Standardrentenniveau – lassen wir Riesters Rechentricks in diesem Zusammenhang mal außen vor – *der* Indikator für das angestrebte sozialpolitische Sicherungsziel und die Leistungsfähigkeit der sozialen Rentenversicherung. Wer die drastische Absenkung dieses Sicherungsziels billigend in Kauf nimmt, verliert jede Glaubwürdigkeit, wenn er weiterhin über die Notwendigkeit der Schließung von Sicherungslücken lamentiert. Denn ohne Aufrechterhaltung eines lebensstandardsichernden Rentenniveaus nach einem »erfüllten« Arbeitsleben fallen gerade diejenigen vermehrt durchs Netz, die die Modellannahmen der Standardrente – wegen niedrigerer Entgeltposition und/oder einer geringeren Zahl an Versicherungsjahren – nicht erfüllen und es sich auch nicht leisten konnten, anderweitig gegen das Risiko der Invalidität und des Einkommensverlustes im Alter oder für den Hinterbliebenenfall ausreichend vorzusorgen.

Bleibt die Frage: Welche Alternativen haben die Kritiker der Riesterschen Demontagepolitik überhaupt anzubieten? – Gegenfrage: Wie groß ist denn gegenwärtig tatsächlich der Handlungsbedarf unter Finanzierungsgesichtspunkten und einem dreißigjährigen Zeithorizont? Nimmt man das rot-grüne Konzept mit einem Arbeitnehmeranteil zur Altersvorsorge von über 12% bereits ab dem Jahre 2006 und einem Zugangsrentenniveau von rd. 60½% bei einem auf dann 15% gestiegenen Arbeitnehmeranteil im Jahre 2030 als Messlatte, dann lautet die wenig »moderne«, sondern eher altbackene Antwort: Die Alternative besteht in der Beibehaltung des paritätischen Finanzierungsverfahrens mit einem Arbeitnehmeranteil von 12% erst ab dem Jahre 2030 und einem stabilen und einheitlichen Bestands- und Zugangsrentenniveau von rd. 68½% ab dem Jahre 2002! Diese Alternative bedeutet die Aufrechterhaltung eines gerade noch akzeptablen Leistungsniveaus zu Kosten, die für die Arbeitnehmer und Arbeitnehmerinnen tragbar sind. Alle darüber hinausgehenden Alternativvorschläge auf der Finanzierungsseite – wie etwa die teil-

Übersicht 18:
Rosstäuscher

»Es bleibt das große demographische Problem, das viele Sozialpolitiker – auch in den Gewerkschaften – einfach auf die Seite geschoben haben. Aber man kann die Wirklichkeit nicht auf die Seite schieben, sie steht trotzdem da. Nach konservativen Prognosen wird der Beitrag in den nächsten 30 Jahren von 20 auf 26 Prozent steigen. Ich will das nicht. Bei 22 Prozent muss Schluss sein. Schon dann belasten wir die nachfolgenden Generationen stärker.«
Walter Riester im *Stern* Nr. 28 v. 6.7.2000, S. 115f.

»Mit dem vorgesehenen Konzept wird es – nach dem, was wir heute wissen – gelingen, den Beitragssatz bis zum Jahre 2020 unter 20% und bis zum Jahre 2030 in der Größenordnung von 22% zu halten. Ohne diese Maßnahmen hätte sich im Jahre 2030 nach dem Rentenreformgesetz 1999 auch mit Demographiefaktor ein Beitragssatz von über 24% ergeben.«
BMA, Entwurf Musterreferat Rentenreform 2000, Berlin, 11. Juli 2000, S. 16

Unbedarfte Leser und Zuhörer müssen daraus zwangsläufig folgende Schlüsse ziehen:
1. Wenn jetzt nicht schleunigst gehandelt wird, steigt der Beitragssatz unweigerlich auf 26% (2030).
2. Selbst das Wieder-In-Kraft-Setzen der Blüm-»Reform«, die ja das Rentenniveau perspektivisch auf »unanständige« 64% senken wollte, würde zu einem Beitragssatz von über 24% (2030) führen.

Rosstäuscher könnten ihre Gäule nicht gewiefter verkaufen. Riesters 22% sind nämlich in keiner Weise mit den ins Feld geführten »Alternativ-Sätzen« vergleichbar. Der 26%-Perspektive liegt die Annahme des »worst case« bezüglich der demographischen und ökonomischen Entwicklung über die nächsten 30 Jahre zugrunde, während Riesters 22% auf die sog. mittlere Entwicklungs-Variante abheben. Im schlimmsten aller Fälle käme nämlich auch Rot-Grün mit ihrer 22%-Garantie nicht weit – und die *Schönberger Beschlüsse* geben für diesen Fall bereits die gesetzliche Verpflichtung zu weiteren Leistungseinschnitten vor. – Und der Hinweis auf die Blümschen 24% tut so, als hätte in den letzten zwei Jahren keine Politik stattgefunden; einfach herausgerechnet sind hierbei nämlich die Finanzwirkungen u.a. des Steuerentlastungsgesetzes 1999/2000/2002, der Neuregelung der geringfügigen Beschäftigungsverhältnisse seit April 1999, des Haushaltssanierungsgesetz vom Dezember 1999, der verschiedenen Stufen der Öko-Steuerreform und der Steuerreform 2001/2003/2005. Träte der Demographiefaktor unter Berücksichtigung all dieser Maßnahmen 2002 in Kraft, so läge der Beitragssatz 2030 bei nicht einmal 23%.

> Vergleichbar mit den rot-grünen 22% wäre nur jener Beitragssatz, der sich ergäbe, wenn nach der zweijährigen Inflationsanpassung ab dem Jahre 2002 wieder zur bisherigen Nettoanpassung der Renten zurück gekehrt würde – also ohne Riester-Reform und ohne Demografiefaktor. Und dieser Beitragssatz beliefe sich unter den gleichen ökonomischen und demographischen Annahmen, die dem rot-grünen Konzept zugrunde liegen, nach Berechnungen des VDR auf 24% im Jahre 2030.

weise geforderte Anhebung der Beitragsbemessungsgrenze oder auch die Umbasierung der Arbeitgeberbeiträge von der Lohnsumme auf die Wertschöpfung – sind derzeit lediglich interessante Seminarthemen; sie verkennen in ihrer teilweise politischen Hektik – »wir müssen unbedingt Finanzierungsalternativen nennen« – aber völlig die verteilungspolitische Dimension der gegenwärtigen Auseinandersetzung und die sie tragenden politischen Kräfteverhältnisse. Es geht hier und heute um nicht mehr und nicht weniger als um die Frage eines unumkehrbaren Systemwechsels in der Alterssicherungspolitik. Sollte dieser Systemwechsel vollzogen werden, so wären alle Überlegungen zu weitergehenden Reformen, die diesen Namen tatsächlich verdienten, nur noch Makulatur.

Da es heute – anders als 1998 – wenig Aussicht auf eine noch »rot-grünere« Bundesregierung als die jetzige gibt, bleibt nur die nachhaltige Einforderung des versprochenen Politikwechsels. Und dies wird nur zusammen mit den vielen Sozialdemokratinnen und Sozialdemokraten vor Ort und in den Gewerkschaften gelingen, die sich mit Herz und Verstand noch nicht völlig der sozialstaatlichen Tradition ihrer Parteigeschichte entledigt haben und die sich auch nicht beirren lassen von der absichtsvollen Warnung, doch um Himmels willen nicht die »eigene« Regierung zu attackieren und damit »der Opposition in die Hände zu spielen«. Genau dies nämlich wäre der Fall, würde die Warnung befolgt; denn wer sich hierdurch von der Verteidigung sozialstaatlicher Kernelemente abhalten ließe, der betriebe durch Abwarten und Hinnehmen am Ende unter anderem Firmenschild das Geschäft der abgewählten und jetzt im Schafspelz auftretenden Altkoalitionäre.

Tabellenanhang

Tabelle 1: Beitragssatz, Rentenniveau und Bruttorente bei Aufrechterhaltung eines Nettorentenniveaus von rd. 68½% ab 2002[1], also ohne rot-grüne »Rentenreform 2000«[2] – alte Länder

Jahr	Beitragssatz	Nettorenten-niveau	Aktueller Rentenwert (AR)	Renten-Anpassungs-satz	Brutto-Standard-rente
	vH	vH	DM/Monat	vH	DM/Monat
2000	19,3	70,09	48,58	0,60	2.186,10
2001	19,3	68,15	49,31	1,50	2.218,95
2002	19,1	68,80	51,25	3,93	2.306,25
2003	19,2	68,92	52,15	1,76	2.346,75
2004	19,4	69,06	53,53	2,65	2.408,85
2005	19,3	67,56	54,60	2,00	2.457,00
2006	19,5	68,14	57,10	4,58	2.569,50
2007	19,7	68,75	58,48	2,42	2.631,60
2008	19,7	68,60	59,97	2,55	2.698,65
2009	19,7	68,55	61,59	2,70	2.771,55
2010	19,7	68,55	63,26	2,71	2.846,70
2011	19,7	68,55	64,97	2,70	2.923,65
2012	19,6	68,49	66,73	2,71	3.002,85
2013	19,7	68,55	68,60	2,80	3.087,00
2014	19,7	68,54	70,42	2,65	3.168,90
2015	19,9	68,60	72,35	2,74	3.255,75
2016	20,0	68,49	74,24	2,61	3.340,80
2017	20,0	68,27	76,34	2,83	3.435,30
2018	20,3	68,31	78,67	3,05	3.540,15
2019	20,5	68,29	80,94	2,89	3.642,30
2020	20,6	68,26	83,37	3,00	3.751,65
2021	20,9	68,34	85,86	2,99	3.863,70
2022	21,2	68,34	88,33	2,88	3.974,85
2023	21,4	68,26	90,92	2,93	4.091,40
2024	21,8	68,32	93,68	3,04	4.215,60
2025	22,2	68,36	96,39	2,89	4.337,55
2026	22,6	68,57	99,18	2,89	4.463,10
2027	23,0	68,67	101,74	2,58	4.578,30
2028	23,3	68,62	104,37	2,59	4.696,65
2029	23,6	68,60	107,15	2,66	4.821,75
2030	24,0	68,76	110,00	2,66	4.950,00

[1] Rentenzugang und Rentenbestand; [2] Rechtsstand Januar 2000 mit Maßnahmen der Bundesregierung – Korrekturgesetz (1998), Neuregelung der geringfügigen Beschäftigung (1999), Haushaltssanierungsgesetz (1999), Öko-Steuerreform (1999/2000) – und Inflationsanpassung 2000 und 2001, jedoch ohne Demographiefaktor ab 2002 und ohne Wirkung des Kapitalvorsorgebeitrags auf Rentenanpassung und VGR-Nettolohn

Quelle: VDR, Stand April 2000, Annahmen des Jahreswirtschaftsberichts 2000

Tabelle 2: Beitragssatz, Versorgung und Versorgungsniveau nach den »Schönberger Beschlüssen«[1] – alte Länder

Jahr	Beitragssatz	Brutto-Standardrente[3]	Brutto-Kapitalrente[2]	Wirkung des Ausgleichsfaktors[4]	Brutto-Versorgung zusammen [3]+[4]-[5]	Versorgungsniveau zusammen	Rentenniveau[3]
	vH	DM/Monat	DM/Monat	DM/Monat	DM/Monat	vH	vH
[1]	[2]	[3]	[4]	[5]	[6]	[7]	[8]
2000	19,3	2.186,10	0,00	0,00	2.186,10	70,09	70,09
2005	18,8	2.397,60	21,33	10,67	2.408,27	68,23	67,63
2010	18,6	2.719,35	89,62	44,81	2.764,16	69,48	67,23
2015	19,1	3.143,70	194,75	97,38	3.241,08	71,53	67,23
2020	19,7	3.611,25	344,52	172,26	3.783,51	72,22	65,64
2025	20,7	4.142,25	554,59	277,30	4.419,55	72,79	63,66
2030	21,9	4.719,15	845,77	422,89	5.142,04	74,38	62,15
2035	kA	5.365,38	1.245,58	622,79	5.988,17	76,18	60,33
2040	kA	6.100,11	1.790,46	895,23	6.995,34	78,25	58,22
2045	kA	6.935,44	2.528,47	1.264,24	8.199,68	80,70	55,82
2050	kA	7.885,17	3.285,69	1.642,85	9.528,02	82,48	54,04

[1] Versorgung und Versorgungsniveau für den Rentenzugang des jeweiligen Jahres; [2] Bei einer Rendite von 5,5% p.a. für die private Eigenvorsorge; [3] Bei 100%iger Wirkung des Kapitalvorsorgebeitrags auf Rentenanpassung und VGR-Nettolohn; [4] Kürzung der sozialen Rente um die Hälfte der Bruttokapitalrente
kA = keine Angaben

Quelle: SPD und Bündnis 90/DIE GRÜNEN (Koalitionsarbeitsgruppe), Deutschland erneuern – Rentenreform 2000. Gesetzliche Rentenversicherung und kapitalgedeckte Zusatzvorsorge: Der Weg in eine sichere Zukunft v. 30.5.2000 sowie eigene Berechnungen [8]

Tabelle 3: Beitragssatz, Versorgung und Versorgungsniveau nach dem SPD-PV-Beschluss[1] – alte Länder

Jahr	Beitragssatz	Brutto-Standardrente[2]	Netto-rentenniveau dazu[2]	Minderung durch Ausgleichsfaktor[3]	Netto-rentenniveau nach Ausgleichsfaktor[4]	Bruttokapitalrente[5]	Gesamtversorgung [3]-[5]+[7]	Gesamtversorgungsniveau[4]
	vH	DM/Monat	vH	DM/Monat	vH	DM/Monat	DM/Monat	vH
[1]	[2]	[3]	[4]	[5]	[6]	[7]	[8]	[9]
2000	19,3	2.186,10	70,09	0,00	70,09	0	2.186,10	70,09
2001	19,3	2.218,95	68,58	0,00	68,58	1,04	2.219,99	68,61
2002	18,8	2.253,60	68,74	0,00	68,74	3,22	2.256,82	68,84
2003	18,7	2.312,10	68,71	0,00	68,71	6,65	2.318,75	68,91
2004	18,9	2.360,25	69,39	0,00	69,39	11,45	2.371,70	69,73
2005	18,7	2.400,30	67,97	0,00	67,97	17,74	2.418,04	68,47
2006	18,6	2.462,85	68,11	0,00	68,11	25,65	2.488,50	68,82
2007	18,7	2.524,05	68,51	0,00	68,51	35,34	2.559,39	69,47
2008	18,7	2.579,85	68,73	0,00	68,73	46,95	2.626,80	69,98
2009	18,6	2.640,15	68,41	0,00	68,41	59,33	2.699,48	69,95
2010	18,7	2.722,95	68,48	0,00	68,48	72,52	2.795,47	70,30
2011	18,7	2.801,25	68,69	8,40	68,48	86,56	2.879,41	70,61
2012	18,7	2.885,40	68,84	17,31	68,43	101,5	2.969,59	70,85
2013	18,8	2.971,80	69,08	26,75	68,46	117,38	3.062,43	71,19
2014	19,0	3.056,85	69,31	36,68	68,48	134,25	3.154,42	71,52
2015	19,1	3.140,55	69,40	47,11	68,36	152,16	3.245,60	71,72
2016	19,2	3.230,55	69,38	58,15	68,13	171,16	3.343,56	71,81
2017	19,4	3.323,25	69,36	69,79	67,90	191,31	3.444,77	71,90
2018	19,5	3.414,15	69,21	81,94	67,55	212,67	3.544,88	71,86
2019	19,6	3.511,80	69,03	94,82	67,17	235,29	3.652,27	71,79
2020	19,8	3.612,60	69,00	108,38	66,93	259,24	3.763,46	71,88
2021	19,9	3.711,15	68,86	122,47	66,59	284,58	3.873,26	71,87
2022	20,1	3.817,35	68,73	137,42	66,26	311,38	3.991,31	71,86
2023	20,3	3.921,75	68,57	152,95	65,90	339,72	4.108,52	71,84
2024	20,5	4.028,85	68,37	169,21	65,50	369,68	4.229,32	71,77
2025	20,8	4.138,65	68,21	186,24	65,14	401,31	4.353,72	71,75
2026	21,0	4.245,75	68,18	203,80	64,91	434,72	4.476,67	71,89
2027	21,3	4.361,40	68,20	222,43	64,72	469,99	4.608,96	72,07
2028	21,6	4.474,35	68,21	241,61	64,53	507,21	4.739,95	72,26
2029	21,8	4.590,00	68,11	261,63	64,23	546,46	4.874,83	72,34
2030	22,0	4.715,10	68,24	282,91	64,15	587,86	5.020,05	72,65

[1] Rentenbestand (bei Zugang bis 2010, vgl. Fn 2) bzw. Rentenzugang; [2] Ohne Ausgleichsfaktor für die Rentenzugänge bis 2010 und 100%iger Wirkung des Kapitalvorsorgebeitrags auf Rentenanpassung und VGR-Nettolohn; [3] Jährlich plus 0,3% der Bruttostandardrente beginnend ab Rentenzugang 2011; [4] Für den Rentenzugang des jeweiligen Jahres; [5] Bei einer Rendite von 4,0% p.a. für die private Eigenvorsorge

Quelle: Unterlagen des BMA für die SPD-PV-Sitzung am 3.7.2000 und die Sitzung der SPD-BT-Fraktion am 4.7.2000